成功了，還是不快樂？

失控的功成名就神話，以及如何才能長久幸福

New Happy:Getting Happiness Right in a World That's Got It Wrong

Stephanie Harrison

史蒂芬妮·哈里遜——著　謝佳真——譯

目錄

第三部

認識幸福

第四部

發掘你的天賦

第五部

爲世界效勞

盛讚推薦

「此書讓我讀來深感共鳴！作者精準命中現代人不快樂的主因，而建議的解決之道具體可行、人人都可以做到。」

——愛瑞克／《內在成就》作者、TMBA共同創辦人

「新的幸福觀點，可以允許一個人不幸福。特別是，當我們專注跟他人的悲傷同在時，便有連結。這連結織就了一張安全網，讓我們不至於一下子被悲傷壓垮。藉此我們有安全感、歸屬感，儘管我們依然悲傷，但腳下正是走在幸福路上。願我們藉著《為何成功了，還是不快樂？》這本書，參悟幸福那迷人的根本真相！」

——洪仲清／臨床心理師

「一部關於尊嚴、可能性、人際連結的作品，滿足我們迫切的需求，務實，又充滿人性。這正是我們此刻需要的書。」

——賽斯．高汀（Seth Godin）／美國行銷大師《紫牛》作者

作者序
我的故事

我曾經倒在房間的地板上蜷成一團，哭得沒天沒夜的。當時是二〇一三年，我看著一抹殘陽逐漸西沉，黑暗輕輕柔柔的在紐約市散開。感覺上，那黑暗也瀰漫到我的內心。

然後不曉得從哪裡冒出了一種截然不同的嶄新情緒。我覺得莫名其妙。我竟然會感受到如此深重的苦悶，簡直莫名其妙。因爲**我做的每一件事，明明都是別人說可以讓我幸福美滿的事啊！**我一件都沒做錯。

然而實際上，我寂寞得要命。恐慌是我的日常，壓力導致我染上一種自體免疫疾病，排山倒海的絕望幾乎天天來報到。

「好想知道爲什麼喔！」我心裡這樣想，然後又哭了起來。

我當時並不知道那一刻的好奇，將會永久翻轉我的人生。

從小，我就想要快樂。然而我努力再努力，始終得不到快樂。快樂似乎就在下一個轉角處，只取決於我的下一項成就，於是我一直在汲汲營營：

「要是妳再漂亮一些……
「要是妳再苗條一點……
「要是妳拿到好成績……
「要是妳可以朋友滿天下……
「要是妳能讓大家都喜歡妳……
「要是妳得到每個人的歡心……
「要是妳能念好的學校……
「要是妳找到最棒的工作……
「要是妳的工作表現是頂尖的……
「要是妳多做一點、再多一點，又更多一點……
……妳就會快樂。」

我會聽這些碎碎念嗎？當然會。那我是不是努力做到更多、更多、再更多？沒錯，做到後又努力再多做一點。做到這些事便會幸福，似乎是不變的鐵律。我看到除了我以外的每個人都憑著這一條鐵律，在工作上、感情中、群體裡笑容滿面。顯然，他們掌握了某種我不懂的道理。一定是我這個人哪裡有毛病吧。

我按照自己的信念，付出雙倍的心血，更加拚命要成爲完美的人，要做到無懈可擊，要在正確的時間實現每一項世人認可的目標。翻身的那一天馬上就要來了，我有把握。我念了頂尖的大學，成績出衆，找到體面的工作，住漂亮的公寓，過著別人欣羨、稱道的日子，卻沒有因此嘗到快樂的滋味。

我尋尋覓覓，想著等我實現下一項成就，幸福就會降臨；想著癥結在於我的工作不適合我，或是我升遷得不夠快，或是我居住的地點不對；要是我夠努力，打造出完美的生活，就可以停止追逐，終於幸福起來。

我哭倒在房間地板上時所迸發的一時好奇，是我生平第一次質疑自己最深層的幸福觀與幸福之道。扔掉舊劇本的時候到了，我應該走新的路。

慢慢的，我開始改變生活：從紐約搬家到舊金山、找到更有意義的工作、培養更健康的人際關係。我開始研究什麼是幸福，盡力閱讀，弄懂自己哪裡錯了。我一直在想，只有我在實踐完全誤入歧途的幸福觀嗎？還是別人跟我有一樣的經歷？

好巧不巧，我面臨人生危機的時候，一個新的學術領域興起了，就是探索人類幸福之道的正向心理學。在二〇一五年，我念了賓州大學（顯然我仍然堅決要進好學校）的研究所，在論文裡主張我們的幸福觀大錯特錯。**我提出新的幸福觀，認爲幸福的根本是愛人、爲人服務、致力於我們共通的人性**。那就是你手上這本書的起點。

念完研究所，我打算繼續深造，去攻讀心理學的博士，但人生卻轉了彎。

二〇一七年的冬季，我邂逅了一個名叫亞力克斯的男人，陷入狂烈的熱戀。他是藝術家、設計師，擅長運動，又有遠見；他熱情、和善、優秀。我從沒見過那麼生龍活虎的人。亞力克斯渾身流竄著精力，渴求善用每一分鐘。就在我們認識之前，他重拾了小時候熱愛的滑板。他會趁著旭日初升，在清晨五點悄悄出門，跑去還沒開門的滑板練習場，翻過鐵欄杆進去練習。三個鐘頭以後，我起床時就會看到他蹦蹦跳跳的進門，整個人渾身是汗，心情暢快。他跟我一樣，憧憬著一個更好的世界。週末時，我們會在舊金山四處走走，喝很多很多咖啡，規劃我們要如何讓世界更美麗。然而我們相識不到一年，亞力克斯就病了，而且不是感冒了之類的，他染上難以診斷的怪病，把醫生們都考倒了。

原本健康、獨立的亞力克斯，變成根本無法照顧自己的人。隨後四年，打擊一個接著一個來，一個比一個嚴重。他從一週運動七天、天天溜滑板，變成走不完一條街，變成出不了門，再變成下不了床。我沒見過誰比他更拚命想要恢復健康，想要保住工作，再然後是每天只求能保住性命。最後，他整天獨自躺在黑暗裡，受不了身邊有人，承受沒有盡頭的身體疼痛與鋪天蓋地的疲憊，唯一能做的就是盡量苟延殘喘。他的人在那裡，但我認識並深愛的亞力克斯卻消失了。

我天真的以爲生病只要去看醫生，醫生便會找到治癒的辦法，原來在我們美國染上慢性的疑難雜症才不是那麼一回事。我擱置念博士的計畫，成爲亞力克斯的全職看護、醫療偵探，爲他奮鬥。我放下學業，夜夜鑽研罕見疾病。午休時，我仔細閱讀網路上的醫學留言板，管理亞力克斯那一堆令人眼花撩亂的藥物，寫電子郵件給陌生人，他們都跟我一樣，被疑難雜症搞得暈頭轉向。休假時，我會帶著掛號掛了八個月的亞力克斯去看病，哀求醫生們幫幫忙，結果他們要麼想不通一個健康男性的身體怎麼會衰退成那樣，要麼根本不相信居然有這種事。醫生跟亞力克斯說，他純粹是心態問題，要是他積極正向一點，強迫自己做運動，遲早會「恢復正常」。醫生們看到我收在資料夾的各種檢驗報告、聽到我指名要做什麼檢查、按時間順序描述他症狀的演變，他們會賞我白眼，出口揶揄。

每個月都有新的藥物跟實驗性的治療，但沒有答案，每一天我都看著自己心愛的男人日益消瘦，而我無能爲力。

新幸福

我奮力挽救亞力克斯的生命。跟這樣的現實一比，以前我在紐約遇到的各種挑戰，彷彿是在扮家家酒。

可是時隔五年的現在，局勢翻轉了，我有了一套新的信念和技巧，發現在順境的時候好用，在逆境下依舊靈光。我在學校學到了新的幸福觀；如今人生給我測試這些知識的機會，結果這些知識不僅在科學研究中可以成立，在現實世界裡也行得通。不論以任何外在的標準來看，我當時的人生都陷入了低谷，淒風苦雨，卻找到了幸福，儘管不是我比較年輕時追求的那一種幸福，兩者有本質上的差異。

二○一三年**的我，事事「如意」，內心卻迷惘、痛苦、孤絕；二○一八年的我，諸事「不順」，然而我感到的平靜、喜悅、使命感卻遠勝以往，其中的差異讓我大爲震驚。**

我覺得自己似乎有了重大發現，而我接著萌生一個最重要的問題就是，這一套辦法也適用於別人嗎？

二○一八年，我根據自己的研究論文內容，成立了新幸福公司（The New Happy），一開始只是寫免費的電子週報，分享觀點、小技巧、故事。第一份電子報寄給了大約十七個人。

我慢慢寫著電子報，訂閱者也慢慢出現。我讓新幸福走向社會大眾，漸漸就有了問題的答案。我並不孤單，一點也不。到處都有人厭倦了遵循空洞的幸福觀，覺得那讓他們的心靈更不滿足。他們跟我一樣，渴望不同的出路。這些不可思議的回應，給了我一個目標。

到了二〇二〇年，病情持續惡化的亞力克斯，已經需要有人隨時照顧。我那時在向榮國際公司（Thrive Global）擔任學習總監，主導開發各種培訓計畫，協助世界級大企業的員工健康又快樂，我決定放下這份工作。

我盡可能將辭職視爲一個機會，在看護工作之餘，我可以挪出更多時間給新幸福，藉此助人。當時疫情已經延燒三個月，大家日子都不好過。我決定將自己的心得全部分享出去，不放過任何我能用的媒介：撰寫文章、進行藝術創作、製作 Podcast、發表訓練計畫等，統統免費送給需要的人。

坦白說，這些也是我自己需要的東西。我製作出來的東西不但造福大家，也給了我莫大的助益。我利用亞力克斯注射藥物、追蹤症狀前後空檔的時間，在診療室與醫院寫東西、打草稿。我待在他的病床邊，一手握住他的手，一手在手機上記錄想法。我設計了一些技巧來度過最黑暗的時期，傳授給別人，希望別人也覺得受用。亞力克斯也在這一路上支持我，即使他每一天都活得很吃力，但在他寥寥無幾的安好時刻，努力貢獻。每當想要放棄，我就會想著他就算深陷痛苦，依然設法幫上忙，讓這個世界在某些地方美好一點。

新幸福成長茁壯，完全超乎我的想像。將近一百萬人（本書會分享其中許多人的故事）集結成一個蓬勃發展的大家庭，也掀起更大規模的運動浪潮，爲我們周遭的世界建立集體的幸福。世界各地的中小學、大學、收容所、監獄、政府、企業、醫院、治療中心、諮商室，都有人使用我們的素材。

現在我確定一件事，那就是你有力量去改變自己的人生，幸福久久。

本書內容

在本書中，我們會循序漸進的介紹新幸福的幸福哲學。

哲學是個嚴肅的字眼，在你心裡勾出的畫面或許是一個人獨自坐在圖書館裡，思索高深的學問或一般人不可能做到的崇高理想。那不是你會在本書看到的內容。新幸福哲學是一種生活之道，是你身體力行的行動，人人都做得到。也許你會很驚訝的發現，要實踐新幸福之道實在很容易，而同時卻又可以發揮不成比例的強大威力，促進你的幸福。

簡單說一下我的做法。我用的是跨領域研究的手段，這是我在紐約大學念學士課程時學到的。先提出一個核心主題或關鍵問題，以本書來說是「我們如何找到長久的幸福？」然後從不同的角度探索。

這樣做可以帶來有趣的新見解，因爲會打破傳統的學術規範。通常我們是從狹隘的角度檢視主題，讓心理學家探討幸福這件事，他們主要是聚焦在個人，社會學家的焦點會是環境，經濟學家則著重在工作與收入，以此類推。這是深入鑽研特定主題的絕佳方法。

但對於幸福這樣的主題，我認爲我們應該退後一步，檢視大局。我認爲我們這麼難以幸福的原因之一，就是我們一直都在忽略幸福本身的複雜性。爲了更全面的認識幸福，我研究並整合各領域專家的研究成果，包括社會學、哲學、心理學、經濟學、歷史、人類學、宗教學、教育學、生物學、社會工作學、藝術、文學、商業、設計、政治。事實上，本書的參考文獻龐雜到不能印在書末，不然篇幅就太長啦！請到 thenewhappy.com/bookreferences 查閱，閱讀詳細的注釋，取得額外的推薦閱讀清單。

我在本書闡述的處世之道，可能會讓你感到大膽，又覺得熟悉。大膽在於那跟我們從小接受的觀念很不一樣，熟悉在於這符合我們最深層的天性。

本書的用法

在你閱讀的時候，我要你做到一件事。此外，我對你有一個期許。

首先，提出我的要求。你大概是在書店或圖書館的勵志書區看到這本書的（稍後，你會曉得這很諷刺）。由此可見，你是一個想要快樂的人。也由此可見，你心胸開放，想要成長、想要改造自己。本書有一部分的概念不僅違反了我們從小接受的觀念，還是社會主流希望我們連想都不要想的。我想請你去探索這些觀念，親自測試效果。你清楚什麼對自己最有益。希望你會採納這一套觀念，變成自己的東西。

至於我的期許，我最雄心壯志的宏大願望，就是這本書能引發你內心的共鳴。希望那共鳴之聲夠響亮，撼動一切依附在你的心靈梁柱上的錯誤觀念，一次瓦解乾淨。希望在因此出現的開放空間裡，你會發現幸福對你的真正意義。

第一部

幸福神話

念了頂尖大學，找到體面的工作，過著別人欣羨、稱道的日子，
明明做了所有通往幸福的事，為什麼還是沒有嘗到快樂的滋味？

第一章
我們完全搞錯了

從前有一個想要幸福的人。

他的童年很苦悶。父母似乎不愛他，父親對他非常殘酷，總是指出他所有不夠好的地方；他在學校遭到排擠，被人揶揄。於是他躲進最喜愛的書中世界，讓英雄的故事與幻想的國度撫慰他。他下定決心，以後長大了，一定要拋下一切痛苦，過得幸福美滿。

首先，他得知道應該怎麼做。他看看身邊的世界，鑽研起幸福之道，答案很清楚，他必須成功，必須掌握權力，也必須有錢。

他發憤圖強，很快便成爲他那一行的佼佼者。但這樣的抉擇是有代價的。他的頭腦轉個不停，日日夜夜，煩惱個沒完，例如：他做得夠多了嗎？怎樣才能得到更多？未婚妻終於離開他，厭倦他日益加劇的偏執。他說服自己，自己的選擇是合理的，「不久我就會實現目標，幸福快樂，到時候我再補償每一個人。」

他悶悶不樂的追求幸福。

然而不論他如何努力，不論他有了多少功名利祿，他都不開心。他在痛苦中憤怒了，他變得刻薄、憤世嫉俗，久而久之，越來越孤僻。

可是許多年後有一天，奇蹟發生了。他一覺醒來，**居然幸福滿溢！**

爲什麼會這樣？他是不是終於「大功告成」，成功的程度符合了那個難以捉摸的標準，讓幸福成爲必然？

還是有別的原因？如果是這樣，他都鬱悶了那麼多年，又有什麼事情，可以給他的人生帶來如此劇烈的翻轉？

我們的所作所爲都是爲了幸福

這個人、你、我、我們認識的每個人，誰都想要幸福。追求幸福，是一個人最重大的人生目標。你的所作所爲都是爲了幸福。你訂立的每個目標、你做的每個決定、你採取的每項行動，都是你走向幸福的階梯，都是爲了讓你更幸福，不論是短期或長期。

- 你今天早上買的早餐
- 你應徵的工作
- 你剛開始執行的運動計畫
- 你交往的對象
- 你的週末計畫
- 你的工作抱負
- 你的重大人生目標

我們期待這些事物帶來某種形式的幸福。我們內心彷彿有一個羅盤在指引我們的行動，永遠指著我們心目中的北極星——幸福。

在一項橫跨四十七個國家的研究中，學生們賦予幸福的等級是「極度重要」，是人生至高無上的重要目標。

我們在大腦迴路的協助下，去取得一切我們認為可以帶來幸福的事物。當我們想要某件事物，大腦便啓動我們的動機程序，促使我們挺身追求。一旦那件事物到手了，便會迎來一波正向的愉悅感。假以時日，這樣的歷程便讓我們學會了只要得到某幾樣事物，愉快的感覺便必然會出現，以致我們想要再次追求那些事物。

去做心理諮商的人會說：「我只是想要快樂。」父母說他們對孩子最大的期盼是，「我要他們幸福快樂。」我們在斟酌選項的時候，會對自己說：「哪一個選項會讓我快樂？」

這驗證了美國心理學之父威廉．詹姆斯（William James）在一九〇二年寫的話：「古往今來，大部分人一切作為的幕後動機，事實上就是得到幸福、維持幸福、重獲幸福。」

目前爲止，你大概還沒察覺到自身的幸福羅盤。但如果你後退一步，去觀察自己的日常行爲與選擇，便可以看到幸福羅盤的痕跡。最佳的方式是跟你內心的小小孩打交道，問自己：「**爲什麼**我會做那個決定？」

假設你在工作上很挫敗，在考慮辭職。

- 爲什麼你考慮辭職？因爲你覺得這份工作壓力很大。
- 爲什麼你壓力很大？因爲這份工作不適合你。
- 爲什麼不適合你？因爲你不能發揮自己最擅長的才能。
- 爲什麼你想一展所長？因爲你認爲那會讓你開心。

或者想像你在考慮高中畢業後的出路。

- 爲什麼你要念大學？因爲念大學可以學習寶貴的技能。
- 爲什麼你要學習寶貴的技能？因爲有了一技之長，畢業後可以找個好工作。

- 爲什麼你想在畢業後找一份好工作？因爲可以賺大錢。
- 爲什麼你要賺大錢？因爲你想買什麼都可以買。
- 爲什麼要把你想要的東西都買下來？因爲那會讓你快樂。

如果你問「爲什麼」夠多次，遲早會挖到你最深層的強烈渴望——幸福快樂。法國哲學家兼數學家布萊茲．帕斯卡（Blaise Pascal）說：「所有人都在尋求幸福。無人例外。不論每個人使出什麼手段，目的都一樣。有的人願意開戰，有的人避免戰事，兩者都是爲了相同的願望，只是他們採取了不同的觀點。」

儘管幸福是我們最重要的目標，不快樂的人卻很多。研究發現，如今的美國人是五十年來最不快樂的一群。每三個美國人便有一人寂寞。二十％的美國人有精神疾患，在一項近期的調查中，七十六％的美國勞工回報至少一項精神健康方面的症狀。從二〇〇〇年到二〇一八年之間，自殺率增加三十五％。

明明我們的所作所爲都是爲了幸福，我們怎麼會痛苦成這樣？

你的幸福觀

要回答這個問題，我們先回到本章一開始的那個人。你以前就曉得他，聽過他的故事很多次，只不過你聽到的版本不一樣。

這人就是史古基（Ebenezer Scrooge）[1]。他是出了名的乖戾，所到之處都惹人不高興，然而在他的內心深處，他不過是一個想要幸福的人，就跟你我一樣。

史古基唯一的問題在於，他的幸福觀很糟糕，以致他做出的決定，讓自己跟別人都不痛快。

也許你在困惑什麼是幸福觀，而改變幸福觀的影響，又怎麼會如此巨大。困惑是正常的，畢竟這是我們很少探討的議題。在我哭倒在房間地板上的那一天之前，我也不曉得自己對幸福的觀念。我的觀念根深柢固，以致我理所當然的視爲眞理。我從來都沒想過那是一個觀點，是可以改寫的。

我們的幸福觀非常重要，因爲幸福是一個模糊不清的概念。我們都清楚幸福給人的感覺，卻不能確切的指出幸福是什麼，不像我們可以指出一張椅子、一朵花、一隻蝸牛那樣。幾千年來，哲學家跟科學家都在爭辯何謂幸福，並且提出了千百種不同的定義。

用字典查詢幸福的定義，會看到幸福是指「一種安然自在、滿足的狀態」。這不能解惑。如果幸福是驅策我們一切作爲的動力，我們就有必要知道，怎麼做才能達成這種狀態。

既然沒有清晰的定義，我們便觀察周遭的世界，瞧瞧幸福是什麼。這個定義會收錄到我們個人的信念字典裡面：

這個會讓我快樂。

從這個概念出發，這個定義牽引你全部的決定與行動，終生追求幸福。

史古基過世的生意夥伴雅各・馬利（Jacob Marley）跟三個精靈在聖誕夜前來拜訪，他驚駭的領悟到自己對幸福的觀念錯得離譜。

1　狄更斯《聖誕頌歌》的主人翁，代表「過去」、「現在」、「未來」的三位聖誕精靈在聖誕夜找上門，帶他回顧一生，還給他看可能的未來，令他大澈大悟。

他突然看透了一切。他追求財富與成功，是因爲內心深處覺得自己不夠好，這是走向孤絕的路，絕不會帶來快樂。再這樣下去，他會孤孤單單的死去，不會有人愛他，而大家聽到他逝去的消息，只會如釋重負的感嘆一下。

史古基慌了，哀求未來的聖誕精靈：「行行好吧！跟我說要是我在以後的人生洗心革面，或許就可以改變你給我看的黑暗未來！」

史古基得到了新的機會。他把握住了。一覺醒來後，他展開全新的生活方式。左鄰右舍都不認得他，因爲沒人看過他露出笑容。他只做了一個選擇，生活便全面改觀，從天底下最痛苦的人，成爲「在這個美好的世界上，在這座或那座美好的大城小鎮裡一個最好的朋友、一個最好的老闆、一個最好的人。」

我們知道這是寓言，但我認爲我們應該換一個角度來看：這是一則警世的故事。當我詢問別人，他們從小到大耳濡目染了什麼樣的幸福觀，我得到的答案極度類似。史古基不過是將那些觀點最大化。

大家說幸福來自：

- 完美無瑕，或盡可能接近完美
- 賺取越來越高的收入
- 取得越來越多的事物
- 乖乖遵守這套規矩
- 工作要勤奮不懈（絕不休息、不放慢腳步）
- 名氣大，人緣好，還要受人尊崇
- 跟別人競爭（並且勝利）

這就是**老舊的幸福觀**——是我們的社會對幸福的拙劣觀點，事實上，這正是我們如此不快樂的根源。

事實擺在眼前，這些事物沒有哪一件令我們快樂。研究顯示，完美主義是造成憂鬱、焦慮的主因之一。你越是心心念念想要取得更多事物，越是不能安頓你的身心。過量的工作會重創你的身心健康。否定你實際上是怎樣的人、否定你真正重視的事物，你日子不會好過。汲汲營營於功名利祿，往往會阻礙你滿足自己真正的心理需求，既不能誠實接受自己，也跟自己失去連結。將人生視為一場競賽，會增加你的壓力與寂寞。

最近有個 Podcast 節目採訪了俠客．歐尼爾（Shaquille O'Neal），他是體壇最著名的人物兼文化偶像之一，締造了無數的成就，包括幾次拿下 NBA（美國國家籃球協會）最有價值球員（MVP）的榮譽，四次奪得 NBA 總冠軍。歐尼爾說：「我孤家寡人住在一間八百四十三坪的房子。你覺得我不知道自己搞砸了嗎？」按照舊幸福的標準，他應該幸福到極點。

如果你想知道自己的生活是不是被舊幸福入侵了，看看我們新幸福大家庭成員的這些話，測試你是不是對哪一句有同感：

「我始終覺得自己不夠好。」

「我以為自己想要的那些東西，如今我全都得到了。而我依然不快樂。」

「我從不允許自己喘口氣或休息。」

「我覺得好像在假扮成另一個人。」

「我覺得很孤單，一直都是。」
「是不是只有我一個人在悄悄痛苦，卻假裝我沒有不開心？」
「我在做『該做』的事。為什麼我不覺得圓滿呢？」

我們信奉舊幸福，將自己逼得越來越緊，想要幸福。我們塑造出來的社會風氣，則對我們又是鼓吹又是激勵，硬要我們遵守這套規矩。然而可悲的是，許多人終其一生，不曾真的幸福快樂，乖乖接受騙人的玩意兒，卻至死都在心存希望，以爲我們遲早會「幸福美滿」。

但我們就跟史古基一樣，可以在萬劫不復之前扭轉我們的幸福觀。我就是你未來幸福的精靈，要讓你看見你的幸福觀或許會帶你走錯路，傳授你重新建立幸福觀的技巧、科學原理與支持，得到你應有的幸福人生。

幸福可以長久

近十年來，我念茲在茲都是一個問題——怎樣的幸福觀會比較好？我看了幾千份的科學研究，哲學家、神學家、藝術家、領袖人物的著作也啃了幾百本，追查兩個反覆出現的幸福要件：**你需要做自己，也需要奉獻自己的力量**。

我發現這是不同的人物以不同的措辭在傳遞的思想。比如《科學怪人》的作者瑪麗．雪萊（Mary Shelley）寫道：「錯綜複雜的人生之謎只有一個謎底，就是改善自身並促進別人的幸福。」

各種傳統、各個學科領域的人都提出了相同的主張。兩度贏得諾貝爾獎的瑪麗．居禮（Marie Curie）寫道：「我們每個人都要下功夫精進自己，同時承擔起對全人類的整體責任，更要扶持我們覺得自己可以幫上最多忙的人。」

我們最愛戴的領袖、最珍視的偶像人物擁護這種主張，比如人權鬥士小馬丁．路德．金恩（Martin Luther King Jr.）就說過：「不刻意尋求幸福的人最可能得到幸福，因爲忙著尋尋覓覓的時候，會忘記最萬無一失的快樂之道是造福別人。」

我也在科學領域調查這兩項要件。研究顯示，發揮你獨特的才華會讓你更快樂，這能幫助你成長，給你展現自我的舞臺。跟人有情感連結的人比較長壽，人生比較快樂。整合這兩項要件會讓你覺得人生有意義、有目標，讓世界更美好，而且你會覺得自己的生命很重要。

我問題的答案如下：**要幸福快樂，就要發掘你是怎樣的人，盡一己之力造福別人。這就是幸福之道，我稱之爲新幸福**。

從某些方面來說，這其實不算新穎的見解。許多年前，亞里斯多德、佛陀等先賢就在提倡類似的主張。但他們的思維不僅很難適用在他們的時代，如今的世界也變了很多，跟他們那時候不一樣了。他們也不像我們有締造奇蹟的現代科學，在現代科學的輔助下，我們不但可以確認他們的許多見解是正確的，還可以進一步發揚光大。新幸福哲學是他們的智慧結晶，卻立足在現代研究的基礎上，並且擴大了應用範圍，可滿足我們現實生活的需求。

與我們從小接受的概念相反，**幸福不需要你去取得、去等待，也不是取悅了旁人才能得到的**。在舊幸福的領地找不到幸福，你不必像史古基那樣見到了耶誕精靈才找到幸福。

史古基的蛻變不只是一個兒童故事。你也有可能脫胎換骨。你可以擁有喜悅的時刻，從那些時刻累積出充實的日子，從那些日子建構出你的一生，而你的存在則嘉惠了別人的生命。當你修改了自己的幸福觀，其餘的一切也會變。

我們可以修正錯誤

如果你一直在過舊幸福的生活，請你明白一件事，**這不是你的錯**。在下一章，你會看到自己的幸福觀，其實來自社會的傳承。社會甚至沒有給你選擇的機會。

我們相信自己從小到大接受的觀念，我們信任自己的老師、牧師及照顧我們的人，他們教導我們去做怎樣的人、做怎樣的事，我們都深信不移。除非我們發現那些教誨的問題，否則便會傳遞給下一代。我們把那些信念灌輸給自己的孩子，也在朋友間、群體間傳揚。

就這樣，那些觀念留存了下來，被我們奉爲眞理，甚至沒有經過驗證。

許多我們長久相信的事物，最後證明是錯誤的，舊幸福不過是其中一件。

以前我們相信地球是宇宙的中心；後來我們才曉得，是地球繞著太陽旋轉。

以前我們相信國王與王后是天選之人，擁有統治全人類的權柄；後來我們有了民主制度。

以前我們相信解剖完屍體後，可以立刻給另一個人進行醫療檢驗；後來我們才曉得，洗手可以避免嚴重的感染。

以前我們相信汙水可以任意排放到飲用水的水源；後來我們發現，這會引發致命的疾病。

回顧老祖宗的事蹟，取笑他們幹過的蠢事很容易。希望有朝一日，我們的後代子孫回顧我們傳統的幸福觀，也會嘲笑我們一番。

幸好，我們有一個修正錯誤信念的機制，即想要多多學習的內在渴望。永遠都有勇者在探索、推翻我們自以爲知道的疆界。許許多多的科學家、哲學家、藝術家、行動主義者、創新者以及像你這樣的人，在推動我們改變自己的預設立場，探索新的可能性。

就像我們從病菌理論得知，檢查病人之前最好先洗手，現在我們也收集到充分的證據，可以證明傳統的幸福觀，極可能危害我們的幸福。我們可以運用這些知識去推動文化轉型，建立更快樂的世界。

該是你快樂起來的時候了。你夠努力了，你夠聽話，等得也夠久。時候到了，去尋找長長久久的喜悅吧。

本章重點

◆誰都想要幸福。我們的所作所為都是為了幸福。

◆要追求幸福，就要先定義幸福。我們往往會下意識的接受社會主流對幸福的定義，套用在自己身上。

◆社會主流的思想是，幸福來自我們的功名利祿、完美無瑕，但研究顯示，追逐那些事物不會讓我們快樂。

◆你是有力量的，可以改寫你對幸福的定義。

第二章 塑造我們生命的隱性力量

要拋開舊幸福，找到眞實而持久的幸福，就得回到最初。

世界上每天都有三十八萬五千名嬰兒誕生。每個人出生時都懷抱著想要幸福的願望，這個願望很純粹也很美，是每個人的共同渴望。一個新生兒的幸福觀既狹隘又舉世一致：如果他們很安全、有充足的食物和睡眠、受到疼愛，他們就會開心。

好，把時間拉到當下。這些嬰兒長大了，相信自己在工作上需要實現某些目標，要比鄰居厲害，盡可能完美無瑕。他們非常努力的做到這些事——往往不惜犧牲健康、感情、群體、地球。然而即使他們成功了，他們並不會眞的因此而快樂。

當年的嬰兒**現在究竟怎麼了？**

世界指示我們要看重的事物

在二〇一三年的一篇論文中，鑽研文化神經學（cultural neuroscience）的國際研究團隊描繪人們如何在社會化的過程中建立一整套的信念，比如舊幸福。這個過程始於你人生的起點，你開始從身邊的文化與社會接收到各種訊息。神經學的研究顯示，大腦對這些外來訊息極度敏感。

每個社會都有重視的特定事物。什麼才重要？誰出了名？我們致力追求什麼？西方國家的價值觀，是由三大力量塑造出來的：個人主義、資本主義、階級宰制。

乍看之下，這些嚴肅的概念似乎與你、與你的日常生活都沾不上邊。事實上，這些東西對你、對你的幸福，都有巨大的影響力。

個人主義

能夠獨立自主是很重要、很美好的事。擁有自由、目標、希望、自主權、自我尊重，是幸福的必要條件。

這是個人主義的優點，也是法國貴族亞歷西斯．德托克維爾（Alexis de Tocqueville）一八三五年造訪美國所寫出來的著名論述。他寫到美國人如何反抗壓迫、爭取自由，歌頌個人特質，肯定生而爲人的尊嚴。（當然，這些並沒有遍及美國的全部公民）

然而個人主義也有缺點。個人主義告訴我們，我們與別人是分離的。根據德托克維爾的說法，個人主義「讓群體裡的每一位成員與整個群體的同胞切割開來。」

個人主義是我們美國最看重的文化價值之一，而個人主義持續在美國及其他國家興盛起來。有許多聰明的手段可以評估這種現象，例如：檢視一個文化族群所製作的商品。心理學家派翠西亞．格林菲爾德（Patricia Greenfield）做過一項研究，調查超過一百五十萬本書籍，從一八〇〇年出版的書籍一路查到二〇〇〇年的書籍。她發現隨著歲月流轉，「我」、「自己」、「獨一無二」之類有個人色彩的詞彙，出現的頻率大幅上揚，反映出我們價值觀的轉變。兩百年下來，這種詞彙的數量便成爲四倍。另一項研究則鎖定以青少年爲目標族群的電視節目，計算特定的價值觀受到讚揚的頻率。一九六七年，在最受讚揚的價值觀前十六名裡面，個人的名聲是第十五名。在二〇〇七年，則是前十六名裡的第一名。

個人主義還造成了另一個比較麻煩的後果，就是凡事以自己爲中心。事實上，德托克維爾擔心過這種情況，關切美國的強項會不會淪爲弱點。個人主義強調私利，即使那會危害別人或衆人的利益。它教導我們，你的欲望比別人的需求更重要。這讓你與群體失去連結，說你只能靠自己。

個人主義甚至影響了我們對幸福的概念，是我的幸福，而不是我們的幸福。這是個人主義有害的一面，而這一面正是舊幸福的根基。

資本主義

美國建國那一年，蘇格蘭的道德哲學家亞當．史密斯（Adam Smith）在撰寫經濟題材——由於那些文字，後人說他是資本主義之父。他主張個人是理性而自私的，要是人人都追求個人的利益，便能夠同時滿足社會的需求。

資本主義是一種經濟制度，由一小群人控制生產的手段，而生產的工作則交給一大群人。資本主義跟個人主義一樣有一些優點。印度獨立運動的領袖甘地曾經寫道：「資本本身並不邪惡，邪惡的是把資本用錯地方。」如果資本得到妥善的運用，資本主義便可以提升許多人的生活品質，爲世人帶來新的產品、發明與體驗。

但運用不當的話，資本主義卻會造成極度不平等的現象，鼓吹不知節制的消費，認爲經濟價值是至高無上的社會評量標準，可以拿來判斷一個人是否成功，還可以計算一個人的價值。它打造出一套操控系統，讓少數人得到特權，卻跟廣大群衆說要是他們勤奮工作，也會得到安全無虞的財力。結果就是我們很缺乏能夠照顧群衆的社會機制，無情的剝削地球資源，貶抑日常生活裡的同情心，青睞無止境的成長。

儘管史密斯認爲人類的自私程度有天然的極限，但我們似乎還沒見識到那個極限。資本主義讓我們彷彿困在寵物的跑步滾輪上，費了九牛二虎之力在奔跑，滾輪卻只是繞著空洞的軸心在旋轉。它鼓吹我們相信，要是我們多多工作、提升收入、坐擁更多財物就會幸福。曾經贏得美國國家人文獎章的記者克麗絲塔・蒂皮特（Krista Tippett）在她二〇一六年的著作《學聰明》（暫譯，*Becoming Wise*）寫道：

天堂就在這裡。天堂就在我們眼前。資本主義給我們人造的渴望，在我們內心捏造欲求，汲汲營營於未來可能擁有的一切。一切永遠取決於下一項產品、下一個大趨勢……別鬧了。要是我們可以真的安於現在的生活呢？要是我們真的知道這就是天堂呢？那就很難控制我們了。

階級宰制

最後舊幸福的特質，就是我們爲了爭取自己的幸福，而採取宰制別人的手段。我們踩在別人頭上往上爬，想成爲人上人，不在乎一路上踐踏了多少人的血肉。

學者蓓爾．胡克斯（bell hooks）[1]寫道：「階級宰制的文化攻詰自尊，主張我們要從宰制別人來取得自身的存在感，以此代替自尊。」這種文化不要我們珍惜僅此一家、別無分號的自己，只重視自己跟別人一較長短的結果。

1　本名葛勞瑞亞．珍．沃特金（Gloria Jean Watkins），她以祖母的名諱當筆名，又為了跟祖母區別而用小寫。

階級宰制的文化會漠視一個人的人性，好讓其他人可以滿足一己之私，實現自己對玩樂、權力、財產、人緣的資本主義目標。在這些情境中，我們追求幸福的方式不僅有偏差——更是狠狠傷害別人。近期的科學研究發現，相信人生是「我贏、你輸」的競賽的人，待人接物容易變得好鬥，會恫嚇別人。也有研究發現，一個環境裡的階級制度越嚴明，覺得傷害別人也無妨的人越多。

一九〇〇年代初期，甘地與托爾斯泰結爲筆友，托爾斯泰是《戰爭與和平》的作者，世界公認他是古往今來最偉大的作家之一。後來甘地常常引述托爾斯泰寫給他的信文內容：「要是我們不找鄰居麻煩，天下就太平了。」階級宰制就是騎在別人頭上，因爲你認爲那樣子很快樂。

這是社會現象，我們認爲有些群體的地位高於其他群體。階級宰制提出錯誤的主張，宣稱生存的方式有對錯之分，必須懲戒異己。這包括種族歧視、反猶太主義、父權制度與女性歧視、階級歧視、身心障礙歧視、異性戀主義、性別歧視、年齡歧視。不論是個人層次的人際互動，還是日常生活裡要應付的廣泛社會風氣，不在上位者的人都會受到不平等、不公正的待遇。

階級宰制的體制讓人在日常生活裡遭到壓迫，幾十億人身受其害。它教導你生命是一場競爭，你可以利用別人來讓自己爬得更高，只有這一種狹隘的生活方式是有價值的。

這些價值觀左右我們的行為

個人主義、資本主義、階級宰制塑造我們每個人的面貌，跟我們說什麼才是有價值的事物。接著這些價值觀融入了我們的制度、體制、媒體、產品，得到宣揚，而我們在這樣的環境裡長大、生活，建立了舊幸福的文化。

仔細想想吧，這麼多年來，有多少次你聽到這幾種訊息？

個人主義：

- 你不需要別人。
- 你自己想辦法。

- 你高興做什麼就做什麼。

資本主義：

- 你一定要成功。
- 你不能停下來休息。
- 你的價值取決於你從事的工作。

階級宰制：

- 你要跟人競爭而且要贏。
- 有些人比別人優秀。
- 你永遠不夠好。

這三種力量相生且互相增強，像神話裡的三頭蛇，凶巴巴的要你孤立自己、更努力工作、證明你的價值。而你乖乖照辦，你學會了一舉一動都要符合舊幸福的規矩，從中得到讚美與獎勵。

舉個例子，想想這樣的文化如何影響我們在社群媒體上的典型行爲。我們張貼自己的大小事——個人主義。我們強調自己的成就與財物——資本主義。我們還努力證明自己如何傑出、如何比別人厲害，盡可能吸引大量的追蹤者——階級宰制。投入這些行爲甚至可以延續舊幸福的命脈，將這些傷害我們的訊息傳遞給別人。

我們的行爲會改變我們的信念

在舊幸福的文化裡長大成人，參與其中，會改變你看待世界的角度。所謂的世界觀就是這麼來的。世界觀是一整套的信念與預設立場，深深影響你的生命風貌。這是你對這個世界的私人模型，是你根據一己的人生經驗，長年累月建構出來的個人版現實。我們從這個模型的角度去理解並解釋周遭的世界，決定我們的行爲。

沒人會刻意寫出自己的世界觀，在成長過程中仔細思考並予以修正。信念是在另一個更深層的層次凝聚成形的，發生在我們與世界互動、從經驗中學習、與別人往來的時候。

小時候，你會試探現實世界的規則，從錯誤中學習，像是你不能穿牆而過、火爐很燙、沒拿好的東西會掉到地上（有時會裂成碎片）。年紀大一點以後，你就不再質疑那些規則，你會從門進出、不摸火爐、小心拿好杯子。精神世界也一樣。你從自身的經歷得知，問題要自己解決，實現目標會得到讚美，自尊建立在你領先別人的優勢上。這些你都不會質疑。

世界觀成形以後，我們往往便會根據世界觀去生活，不起疑心，深信那就是完整的眞相，沒有任何虛假。作家大衛．福斯特．華萊士（David Foster Wallace）曾在二〇〇五年的美國俄亥俄州凱尼恩學院（Kenyon College）畢業典禮演講說了一個故事，揭示世界觀的力量：

兩條小魚在一邊游啊游，大魚從另一邊游過來，大魚對牠們點點頭，打了招呼，「孩子們，早安。水怎麼樣啊？」兩條小魚繼續游了一小段路，其中一隻終於轉頭看著另一隻，問道：「水到底是什麼東西？」

世界觀就是我們游泳的水。我們就像那一條小魚，不知道水的存在，於是我們任憑擺布。世界觀不是唯一掌控我們的要素，卻是我們探討幸福之道的時候普遍忽略的力量。我們渾然不覺的事物極難改變，心理學家榮格（Carl Jung）說過：「心理的法則說，我們沒有意識到內在情況會發生在外在，成爲我們的命運。」

不妨把你的世界觀看做是你私人的搜尋引擎。你不自覺的將許多問題的答案儲存在裡面，從你對宇宙的信念（「上帝存在嗎？」）到你如何看待別人（「別人值得信任嗎？」）再一路到人生的意義（「這世界會不會是電腦程式模擬出來的？」）無所不包。

在你可能存放在世界觀裡的許多問題中，有三個對你的幸福至關重要。這三個問題是你思忖了一輩子的事。你從舊幸福的文化接收到不計其數的舊幸福訊息，緩慢卻穩定的凝聚出答案。

在你捫心自問的事情裡面，沒有哪一項比這三個問題更重要。

一、**我是誰？**這個問題是關於你的身分，以及你如何看待自己。

二、**我該做什麼？**這個問題是關於你的目標、選擇、日常活動。
三、**我跟別人有什麼關係？**這個問題是關於你與別人、與外界的關係。

這些問題看似簡單，卻是本書的基石，是你個人幸福的基石，甚至請容我放肆的說，這是全人類未來幸福美滿的基石，是決定地球存亡的基石。這三個問題存在於人類生命的核心，從我們還是小寶寶的時候，舊幸福的文化便教導我們，從一個固定的角度回答這些問題：

一、**我是誰？**我是有所不足的人。
二、**我該做什麼？**我一定要達成預期中的成就。
三、**我跟別人有什麼關係？**我跟別人是分離的。

這些答案告訴你，你必須怎麼做才能夠快樂，讓你相信，「我得證明自己夠好。方法就是我要不斷累積成就。凡事都靠自己。**然後**我就會幸福。」

就這樣，那些寶寶們變成今天的樣子。

舊幸福如何傷害我們

幾年前，科學家發現一種奇怪的現象，美國人似乎在積極追求幸福，結果更加不快樂了。這是怎麼回事？

原來是他們對幸福的**觀點**，導致他們更憂鬱、更焦慮、更不滿足。他們抱持舊幸福的世界觀，在世界的引導下，相信幸福的來源是越來越聚焦在自身，而不是去灌溉他們與別人的關係，並且發揮天賦去助人。

這正是我的遭遇。在漫長的歲月裡，我以爲**自己**是殘破的，後來我才曉得那不是事實。殘破不堪的是我的羅盤，我的世界觀基本上是受到干擾的，帶我偏離正軌。

在現實生活中，當羅盤接觸到強力的磁場，羅盤的指針會消磁，指出相反的方向。科學家甚至發現，如果你在鳥的頭部放置一塊磁鐵，新的磁力會干擾鳥找出遷徙路線的能力。

那種磁力就是我們被灌輸的幸福觀。我們免不了因此像那一項研究中的鳥一樣飛錯方向。不論社會主流的力量以多大的聲勢與頻率宣揚舊幸福，忙著孤立自身、爭名奪利、超越別人，絕不會找到長久的喜悅。

舊幸福有一點像我的朋友詹姆斯跟我聊過的一段往事。他還小的時候，他母親都會在聖誕節做特製的布丁，那是他的最愛。有一年，他悄悄溜進廚房，打算在晚餐前偷吃一口。他打開冰箱，看到一個蓋著一塊布的大碗放在高高的架子上。他舉起手臂，將湯匙伸到那塊布底下，準備挖出一大匙的布丁。突然，他聽到腳步聲，有人朝著廚房來了。他不想被逮到，連忙把那滿滿一匙的東西送進嘴裡。但那不是布丁。那是豬油。

舊幸福正是如此，你以為送進嘴裡的是美味的甜點，吃到的卻是一坨噁心、油膩、沒滋沒味的豬油。

我們不都是過來人嗎？即使這種生活傷害了我們、我們的人類同胞與地球，我們不都是一邊認為這樣子生活無所謂，一邊卻感到無比空虛嗎？難道我們還沒厭倦這種日子嗎？

從舊幸福重拾自由

消弭舊幸福的障礙之一，就是它沒有名稱。現在有了。每一天，我都聽到有人對我們的生活方式深深感到困惑、悲傷、無助。但沒有能夠描述這種狀態的詞彙，那就只是我們的日常。

少了專有的名稱，我們很容易跳到既定的預設立場，「一定是我有毛病。」舊幸福就是要你這樣想！這種信念會推著你走，讓你更努力聽話、取得成就、孤立自己。你根本沒毛病。有毛病的是大家抱持單一的幸福觀，而我們的文化還推波助瀾。

哲學家維根斯坦（Ludwig Wittgenstein）寫道：「我言語的極限就是我世界的極限。」就像大魚跟小魚說了「水」這個字就撼動了小魚的世界，當我們指出被我們理所當然的視爲眞理的舊幸福，我們也可以撼動自己的世界。

做法如下：當你看見舊幸福的實例，就說：「哇！那眞的有夠舊幸福耶。」

● 當你照了鏡子，聽見腦海對自己外貌的批評，說：「那是舊幸福的觀點，不是我的想法。」

- 當你感受到自己有必須更勤奮工作的壓力，說：「那是想要騎在我頭上的舊幸福。」
- 當你覺得自己不能求助，說：「那是舊幸福在騙我，說我孤立無援。」
- 當你瀏覽社群媒體，看到別人炫耀他們的車子和包包，說：「我同情他們。他們一定覺得自己被舊幸福綁架了。」
- 當你看到教授或經理稱讚那個熬夜工作到最晚的人，說：「他們在鼓勵舊幸福的行爲。」
- 當你看到一個政府實施了一項操控群衆的政策，說：「那樣做會助長舊幸福的文化。」

給舊幸福正名，讓自己明白你不是舊幸福。你是長期受到舊幸福**干擾**的人。如此一來，要接受自己、愛自己就容易多了，去追求你在乎的事物，跟別人締造有意義的關係。

我們不會只因爲自己是抱持這種世界觀長大的，就一輩子都要這樣過。就從今天起，你可以給舊幸福正名，一步步擺脫束縛。

本章重點

- ◆社會教導我們什麼才是有價值的事物。我們建立了助長這些價值觀的文化。我們在這樣的文化環境裡生活，形成世界觀，也就是我們對這個世界的心智模式。
- ◆在你的世界觀裡，對你的幸福影響最大的關鍵問題有三個：我是誰？我該做什麼？我跟別人有什麼關係？
- ◆舊幸福認為你有所不足，說你必須具有符合預期的成就，還說你跟別人是分離的。
- ◆你具有擺脫舊幸福的力量。開始在認出舊幸福的時候指出來，便能闢出一個空間，讓真正的幸福可以進駐。

第三章
如何開始建立幸福的人生

一九五〇年代初期，念音樂的大學生弗雷德．羅傑斯（Fred Rogers）第一次打開父母新買的電視機。

他覺得那些節目實在很難看。兒童節目彷彿在發神經，令人受不了，扮裝的角色們拿著派互扔，穿插的廣告則承諾你可以用錢買到快樂。

他思忖起來，要是他可以製作不同類型的電視節目，實際幫助孩子們開心起來，學會行善呢？

十七年後，他自己的電視節目首映了——《羅傑斯先生的街坊》（*Mister Rogers'*

Neighborhood）。在每一集一開始，他會走進布景搭建的住家，脫掉西裝外套，拉上招牌羊毛衫的拉鍊，把皮鞋換成布鞋，然後將小朋友視爲跟自己一樣重要的對象，好好的跟小朋友說話。

前後三十一季的節目，他與小朋友同在。

冷戰時，他陪著小朋友，用布偶解釋爲什麼囤積武器很危險。

挑戰者號太空梭爆炸後，他陪著小朋友，以一週的節目時間談論死亡與哀慟。

他陪伴覺得自己沒人愛的寂寞孩子、陪伴父母正要離異的孩子、陪伴在學校被眾人冷落的孩子、陪伴犯錯的孩子，陪伴孩子們度過小孩的酸甜苦辣。

由於他始終都在，他在美國是最受喜愛的人物之一。他收到的郵件之多，超越所有美國人，而他每一封都會回。他的紅色針織羊毛衫成爲史密森尼學會（Smithsonian）的館藏。他的遺產包括幾座艾美獎、一座皮博迪獎（Peabody Award）、一面總統自由勳章（Presidential Medal of Freedom）、一幀美國郵票、一顆用了他名諱的小行星、好萊塢星光大道上的一顆星星，還是一度登上 Google 首頁塗鴉的名人。但最重要的是，他教導幾代的孩子們善待自己跟別人。

沒人想得到一個一心想要做音樂的害羞、寂寞男孩，在長大以後，會成爲史上影響人們最深遠的人物之一，世界因他而大不同，他還得到了長久的幸福。

他是怎麼辦到的？羅傑斯發現了幸福人生的法則，與我做研究時調查過的兩項要件是一致的，而這也是你會在本書學到的內容：

一、**發掘自己實際上是怎樣的人**。

二、**將這項資訊用在助人**。

親自測試這兩條法則。想想你所知道的最快樂的人。你大概會看出來，他們很了解自己，並且設法幫助身邊的人；或是想想你最欣賞的人，他們在做什麼？他們在跟世界分享自己獨特的天賦，努力讓世界美好。

這兩條法則讓羅傑斯的人生充滿意義與喜悅，讓他過著「感到完整」的生活。

爲什麼你需要做自己

羅傑斯展露音樂天分的年紀是三歲，且不到五歲，他就能用鋼琴彈奏整首歌曲。雖然他是音樂神童，但他的童年並不輕鬆。他時常生病，不得不長時間獨自待在房間。在房間時，他開始說故事、自己編歌，想像有一天，他幻想中的世界會出現在他的電視節目裡。他說自己的童年很寂寞，每回獨自一人的時候都會哭。他被人欺負，沒有眞正的朋友。幸好，他漸漸長大以後，身邊有人喜愛他，欣賞他展露出來的眞實樣貌。

這些獨特的經歷磨練了羅傑斯的特殊天賦，比如他的音樂才華、同理心，還體會到了童年可以多麼艱難。

你，也有屬於自己獨一無二的天賦，這些天賦構成你的本色。**你的天賦不僅僅是你可以從事的事業，也是你曾經走過的難關、你得到的領悟，更是你在內心深處的眞實面貌。**

羅傑斯曾經在一場畢業典禮上演講，談到他有一回去旁聽馬友友的課。馬友友是聲譽卓著的大提琴家，有一回馬友友聽完一位年輕學子演奏布拉姆斯的大提琴奏鳴曲，他評論道：「你的樂音只有你能演奏出來，別人都不行。」

世界上只有一位羅傑斯先生，也只有一個你。

與世界分享你這個人

在羅傑斯取得大學學位的羅林斯學院（Rollins College），有一條連結兩棟建築的廊道牆壁上鑲嵌了一塊小小的大理石匾額。上面刻著字：**爲服務而活**。羅傑斯抄下這句座右銘，放進皮夾，隨身攜帶一輩子。

羅傑斯將自己的電視節目視爲一種服務。一九六九年，尼克森總統想要刪減兒童教育節目的預算。羅傑斯前往國會，主張保留兩千萬美元的預算。他用簡短的演講描述自己的服務行動：

我每天都向每個孩子表達我的在乎，協助孩子明白自己是獨一無二的。節目結束的時候，我會說：「只因為你在做你自己，今天是很特別的日子。全世界沒有其他跟你一樣的人，而我喜歡你，我就喜歡這樣的你。」我認為要是我們在公眾電視節目產業的人，讓人清楚的看見我們可以訴說並管理自己的情感，我們就為大家的心理健康做出了重大的貢獻。

參議院通信傳播小組委員會（Senate Subcommittee on Communications）主席的脾氣暴躁、不感性是出了名的，但他在回覆的時候說：「我應該是很強硬的那種人，但這是這兩天以來我第一次起了雞皮疙瘩。我覺得這很好。看來你剛剛保住了兩千萬美元的預算。」

看看羅傑斯的人生，我們很容易把他送上神壇。他是**羅傑斯先生**！他跟我們不一樣。但他二〇〇三年過世後，與他結縭五十年的妻子瓊安接受採訪，談到這種想法的危險。她說她常常聽到人講：「我真恨不得自己是他那樣的人，但我不行。」她很篤定沒有人可以像羅傑斯先生那樣，一個都沒有。

她不是指沒人可以用布偶、歌曲、故事製作溫情的電視節目。她的意思是誰都可以走上跟羅傑斯一樣的路：發掘自己是怎樣的人，然後把這項資訊用在助人。你的人生不應該成爲他的翻版，因爲那不會反映出**你這個人**！你得發掘你獨一無二的服務方式，不論對象是你的親友、你置身的群體，還是你透過工作所做的事，乃至爲更廣闊的世界盡力。

你的幸福可以改變世界

你踏上的旅程不只對你有益，還會影響你身邊的許多人。

我們的世界不必是如今的模樣。舊幸福的體制與信念是人造的。只是時日久了，有一群人認爲這些東西值得延續、強化、捍衛，才滯留至今。

不計其數的人揚棄舊幸福的虛假承諾，比如弗雷德・羅傑斯，他說：「我年紀越大，越了解我們的身外之物絕不可能帶來終極的幸福。」到處都有他這樣的人，他們致力於改革，想改善現狀。你可以加入他們的行列。

一項研究發現，僅僅二十五%的人口便能引發顚覆效應，帶動龐大的社會變革。

有時，區區一個人加入一項行動，最後就讓大局走向正確的方向，促成更廣泛的改變。最近有一項調查，只有十二%的美國人說自己「非常快樂」——從一九七二年有了這項調查以來，這是最低紀錄。眞令人難過。但這也是一個機會，我們可以一勞永逸的把世界重新塑造成更快樂的地方。

要改變世界，用不著你辭職、全面改變生活、成立非營利組織、創業。你只需要做出一個不同的選擇，選擇用新的方法追求幸福。

羅傑斯第一次打開電視機的時候，絕不會知道人生會將他帶向何方。他那時候只是做出選擇，一遍又一遍，他選擇做自己、奉獻自己，結果他爲自己跟別人帶來的喜悅越來越多。

你也可以在任何一刻做出不同的選擇，那個選擇可以改變你的人生以及世界，兩者同時。今天可以是你在多年後回顧人生的時候，令你覺得「就是那天的那個選擇改變了我的一切」的日子。世界上的其他人也會想：「他們的選擇也改變了我的一切。」

要是改寫幸福觀的人夠多，我們就可以翻轉世界。在我們開創出來的那個新天地，我們看重每個人的本色，每個人都有貢獻的機會，每個人的需求都會得到滿足。

那是新幸福的世界。

幸福四步驟

我們要在隨後的篇幅踏上旅程，協助你找到幸福。這趟旅程有四個步驟。

首先，我們要翻轉你的世界觀，從舊幸福換成新幸福。現在你整天扛著舊幸福的千斤重擔，日日如此。那就像你在上坡道跑一場沒有盡頭的馬拉松，同時穿著一件負重背心，而你甚至不曉得那件背心的存在。在步驟一，你要從疲憊的肩膀卸下這個重擔。你會學習到，你沒有不足之處，可以追求你眞正在乎的事物，你跟其他人不是分離的。我等不及要讓你明白，你會因此感受到多少的自由，多少的自我喜愛、喜悅與人生意義。

一旦我們重塑你的世界觀，你就準備好去學習關於幸福的驚人祕密，用最佳方式，將「做自己」跟「貢獻自己」這兩條法則付諸行動。

然後你會發掘自己的天賦，就是讓你之所以是你的特質。天賦分爲三類，你三類都具備。你會學到如何連結天賦，應用在日常生活中。

最後，我們會整合前述的一切，探索如何根據天賦去規劃人生，在工作中、在你身邊的群體中，與世界上的其他人分享你的天賦。

準備好了嗎？你要找到幸福，同時改變世界了。

本章重點

- ◆幸福來自於認清自己是怎樣的人，以對別人有助益的方式貢獻力量。
- ◆不需要完全改變生活。只要做出一個不同的選擇，那就是幸福的起點。
- ◆這個選擇不僅對你有益，還能造福你身邊的世界。

第二部

拆解舊幸福

你之所以很難快樂起來，因為你誤信了三個謊言：
一、你不夠好。二、到時候就會幸福。三、你只能靠自己。

第四章
謊言一：你不夠好

一九九〇年代晚期，黛咪．摩爾是她那一代最著名的電影明星。她的美、她的作品、她的生活令大眾著迷。她剛剛成爲好萊塢史上片酬最高的演員，還嫁給一位動作巨星。表面上，她的人生完美無瑕。

二十年後，她回顧那段日子，吐露眞相。她的婚姻在崩塌，她出現進食障礙，日日夜夜不斷自我懷疑，沒有安全感。她在自傳裡寫道：「不管我怎麼成功，我都覺得自己不夠好。」

一次又一次，我們看到遵循舊幸福、乖乖達成每一個「成功」里程碑的人說：不論你做什麼，永遠都不夠。

大衛．鮑伊坦露：「我的自我形象問題很嚴重，自尊感很低落，這些都靠沉溺在大量的寫作與表演來掩飾……我想要快快度過人生……我眞的覺得自己一點都不像樣。」

茱莉．安德魯斯憑電影《歡樂滿人間》的演出拿下奧斯卡金像獎，她將獎盃藏在閣樓，因爲她覺得自己「不配」。

有一項研究調查了一百一十六位執行長與高階主管，發現他們有相同的恐懼，他們怕自己不夠好，配不上他們的職位。

這些實例爲我們指出了重要的眞相。不管你累積了多少的外在獎項、成功或肯定，你都不會覺得自己夠好。傳遍世界的名聲與讚揚、奧斯卡金像獎、顯赫的職稱都不會讓你滿足。努力做到舊幸福的要求，絕不會讓你覺得「夠了」——那是不可能的。那就像在賭場賭博，贏的永遠是莊家。

你都做了多少事了，爲什麼你覺得自己依然不夠好？因爲在舊幸福的世界觀裡，核心訊息是不管你再怎麼努力，你永遠有所不足。在你內心深處，你是有瑕疵的，你殘破不堪，你很壞。

有所不足的謊言

關於世界觀的第一個問題是：我是誰？

舊幸福的答案是：你是有所不足的人。

每一週，我都會爲我們新幸福的大家庭舉辦線上的登記活動，讓大家提出自己需要的協助。這項登記活動持續了幾年以後，我看完無數的留言，對大家的難題就有許多認識。

有個主題一遍一遍又一遍的出現在大家登記的內容裡：

「我不夠好。」

「我什麼時候才會覺得自己值得？」

「我覺得自己有毛病。」

或許你很疑惑，「只有我一個人覺得自己不夠好嗎？」我跟你保證，你不孤單。

事實上，認爲自己有所不足的信念，似乎每個人都有。

這個信念也讓我們苛待自己。舊幸福一直教導我們要憎恨自己的人性，所以要懲罰自己。自我憎恨聽起來很狗血，但你是不是經常把自己當做敵人或對手？從你的自我對話找證據。那些話大概是這種風格：

「你白痴。」

「你有什麼毛病？」

「你什麼都做不好！」

「但願你不是這個樣子……」

這個腦海裡的聲音不斷的說你不夠好，其實那不是你的眞心話。你會變成這樣，是因爲你置身的文化，在你成長的過程裡告訴你，不管你怎麼做，你都有所不足。所以瓦解舊幸福的起點，是學習從新的角度看自己——無條件的自我接納，明白你本來就是有價值的人。

我們給自己打分數的原因，以及如何停下來

舊幸福讓你相信，你的價值不但要看你的表現，你還得不斷取得更多成就。舊幸福還讓你相信，你得在追求這個不人道的目標時，不斷給自己打分數，以此延續舊幸福的命脈。

你有沒有注意到，自己這樣做的頻率有多高？

「那個報告做得很普通。」

「我在那個專案的表現，應該是C吧。」

「至少我做得比傑克好。」

根據外在標準給自己評分，是舊幸福在很久以前，便讓我們在社會化的過程裡學會的行爲。我們一併學會了按照這個評分系統，來判斷我們生而爲人的價值。

我們給自己評分，再用這個評分判斷我們的好壞（答案預告：我們永遠不好！）

我們一下就跳到結論，類似這樣：

「我忘了布萊恩的生日——我是大壞蛋。」

「不敢相信我竟然罵了莎拉——我是差勁的家長。」

「我應該發現那份報告的錯誤的——我知道自己不夠好，做不了這份工作。」

你的表現跟你的價值無關，兩者不相干。每次你給自己評分，就是在強化舊幸福，你是在告知自己做得不夠多、你擁有的不夠多、你不夠好。

下次注意到你在責罵自己時，試試這個技巧。我稱爲「一刀兩斷」，這能幫助你把自己的表現跟你的個人價值脫鉤。

以下面這個念頭爲例：

「我忘了布萊恩的生日——我是大壞蛋。」

接著，拆成兩句：

「我忘了布萊恩的生日。我是大壞蛋。」

第一句是事實。第二句是舊幸福的謊言。

扔掉第二句，改成肯定你仍然是有價值的人，不論你做了什麼。

「我忘了布萊恩的生日。我仍然是有價值的人。」

這是心理學家亞伯特．艾利斯（Albert Ellis）在一九五〇年代提出的方法，認知行爲療法的最初形式就是他發明的。他認爲用一件事或一個行爲評估你整個人的自我價值，不但完全不合邏輯，也是我們痛苦的源頭。他的解決方法是無條件的自我接納，無論如何都要接納自己，即使你希望自己做得更好，或是採取了不同的行爲。

以下是這個做法的幾種應用方式：

「我在那份報告犯了一個錯。我知道我的價值不是取決於我的表現。」
「我那句話傷了梅莉莎的心。我知道自己是犯了一個錯的好人。」
「我今天沒辦法把事情都做完。但我盡力了。」

你可能會想：「這只是在推卸自己的責任吧?」其實不然。

沒有一刀兩斷的話，一個錯誤或一個困境便可能對你的自我觀感造成嚴重的威脅，因爲你的自我價值似乎取決於那個錯誤。回想一下，你覺得自我價值搖搖欲墜的時候，你會有什麼行爲?我知道自己會有的衝動，像是我會想要捍衛自己、抨擊對方、論斷。我們試圖證明自己夠好，往往會變成證明自己的優越。

反之，當你無論如何都接納自己，就有助於平息這種衝動。在一項研究中，參與者必須錄製一支自我介紹的影片，然後研究員對這支影片給予正面或負面的評價。自我接納、對自己有同情心的人替自己辯駁的情況，遠遠低於其他人。

當你的自我價值很穩固，要辨識出自己需要改變、道歉、記取教訓的時刻，就容易多了。你知道那只是一件事，那不代表你是怎樣的人。

「我在那份報告犯了一個錯。回想那時候的情況，我發現自己寫得太快、太趕了。下次交報告之前，我會提早一個晚上開工。」

「我那句話傷了梅莉莎的心。我沒有考量到她會怎麼解讀我的話。下次，我要記住三思而後言。」

「我今天沒辦法把事情都做完。也許我給自己安排了太多工作。如果把一些事情的優先順序往後挪，是不是會比較好？我是不是能請同事幫忙做那項工作？」

這樣的做法甚至可以讓你更堅持不懈，因此提高你實現目標的勝算。一項研究請大學生做兩個困難的字彙測驗。第一次測驗時，大部分人都不及格。之後研究員給一部分學生看一段訊息，提醒他們善待自己，接著他們都得到爲第二次測驗念書的機會。被叮嚀要善待自己的那一群學生，念書的時間比沒被叮嚀的學生要長。

你可以停止斥責自己，不強化你的自我厭惡，而是選擇新的反應方式——不評估你的自我價值，但評估你個人行爲的責任。

每天你總有論斷自己的時候。學會一刀兩斷的技巧，你可以將那些時刻變成善待自己的時刻。做出這些細微的變化似乎改變不了什麼。但稍微練習以後，自我接納就會成爲你的預設反應。

但這些評分帶來一個重要的問題，這分數到底是哪來的？

完美之我的暴政

記得大概十年前，有一天我痛罵自己在工作上犯了錯。我坐在那裡，雙手捂著臉，說道：「天啊！妳怎麼會白痴成這樣？」還說：「妳爛死了！」

突然，我靈光一閃，我是拿誰當樣板，給自己打分數？

我不是在跟別人做比較，比如一位朋友或一位榜樣。我不是拿自己的現狀跟以前做比較。**我評分的參照標準是一個完美版的我，那個我只存在於我的腦海。我稱爲完美之我。**

這領悟撼動了我的世界。我沒有意識到自己設立了這樣的標竿，拿它給自己評分，而我對自己的期許居然這麼不切實際。

在學校，我們學會給自己打分數、評價自己，有的是用評分量尺，有的是看答案的正確比例，有的是用字母。在現實生活裡，我們建立自己的評分量尺——這個完美之我。

完美之我來自舊幸福的文化。個人主義說完美之我永遠強大而獨立，一手包辦大小事，從來沒有負面的情緒。

資本主義告訴我們，完美之我是成功人士，對經濟有貢獻，以「正確的方式」走「正確」的路，當然也永遠有生產力。數不清的產品和服務宣稱可以消除我們的不完美之處，我們買單了，發現無效就責怪自己。

階級宰制規範了「正確」的生活方式。作家與哲學家奧德蕾·洛德（Audre Lorde）將這稱爲白種人、順性別者[1]、男性、年輕人、異性戀者、身體健全者、基督徒的「虛構常態」（mythical norm）。這樣的理想型是一套標準，用來判斷什麼叫正常。要是你不具備那些特質，你會單純因爲自己的天性就被貶爲非人。我們與外界的互動強化了這種現象，因爲我們的社會是按照虛構的常態去建立出來的虛構常態。即使是美國《獨立宣言》鄭重其事寫出來的「追求幸福」，也只適用於符合特定標準的那些人。

最後，我們將個人的經驗加進這個大雜燴——我們的家庭、感情關係、社會、文化都在灌輸我們應該是怎樣的人。賽門．薛利（Simon Sherry）是鑽研完美主義的重要學者之一，他說：「要一整個村莊的人，才養得出一個完美主義者。」

完美之我是我們的完美版本，我們認爲必須變成那樣才會幸福。那是默默跟在我們身邊的影子，把我們不符合標準的地方全部指出來：別人都辦到了、別人做得很完美、別人毫不費力就做到了。

想像有一份徵才廣告，列出了完美之我的工作內容。

1　指一個人的性別認同與出生時的性別一致。

徵人啓事

在這份工作中，你的職務範圍如下：

- 隱瞞你的天性，遵循社會規範行事。
- 討好你見到的每個人。
- 在二十一歲之前要有可以影響世界的成就。
- 要美、要帥（注意：理想的人選必須願意在社會的美學標準改變時，立刻修正自己的外貌）。
- 絕不出錯、感受不到壓力、做事絕不會吃力。

工時：一年三百六十五天，每天二十四小時

薪資：無

以大腦植入物在每一分鐘偵測工作表現，隨時評分。

意者內洽！

你會應徵這份工作嗎？應該不會吧。如果你應徵上了，你覺得自己撐得了多久？這對你的身心健康會有什麼影響？

花一點時間，想想你的完美之我：

- 這個你每天都做些什麼？
- 這個你長什麼樣子？
- 這個你擁有什麼？
- 這個你有什麼成就？
- 這個你有怎樣的感情關係？

你越清楚自己心目中的完美之我是什麼樣子，它出現時就越容易認出來。

在理智上，我們知道自己不可能變成完美之我。但發自內心，澈底明白那不可能是另一回事。

我想，很多人在內心深處都相信，要是我們把自己逼得緊一點、努力一點、再多取悅一個人，就可以爬到完美的境界，說不定還能找到停駐在完美之境的方法。

這是很誘人的前景。或許有時候，你會覺得完美之我唾手可得。那滋味太美妙了。你終於搞定了人生。然後第二天，你砸鍋了、你摔跤了，你斥責自己，決心要更努力。

我們的自我厭惡就是這樣來的。因爲感覺上，在你與完美之你之間的唯一障礙就是你：只要你願意再勤奮一點、有條理一點、精通那個提升生產力的技巧、養成更好的習慣、壓抑你的感受，不要再那麼難相處、那麼敏感、那麼善感，別再跟人不一樣等，你就會是完美之你，終於快樂起來。

如何放下完美之我

二〇二二年，紐約大學頒發榮譽博士學位給流行歌手泰勒絲，她在畢業典禮上向畢業生致詞。她談到我們隨時隨地給自己打分數的行爲，大大強化了完美之我的有害觀念：

在我長大成人的過程裡，外界一直給我灌輸的觀念是要我不犯任何錯誤，所有的美國兒童長大都會是完美的天使。但要是我失足，全世界都會脫離正軌，而那統統都是我的錯，必須在流行歌手的監獄關到海枯石爛。而這一切的核心概念就是犯錯等於失敗，終至一輩子沒有幸福的機會，人生沒意義。

她說得沒錯。研究證明了完美主義與憂鬱症、社交隔離、自殺風險上升之間都有密切的關係。研究員調查一群年輕人，發現完美主義者面臨壓力的時候，免疫系統會失調，可能也因而導致他們的健康最惡劣，壽命較短。一項調查了超過四萬名大學生的研究發現，在一九八九年與二〇一六年之間，必須完美的外在壓力提高了三十三%。一流的研究員認爲，如今每三位孩童就有一位抱持有害的完美主義。

我們對完美之我的追尋也會傷害別人。對完美最不可自拔的人也會要求別人必須完美，鼓吹別人順從，或是企圖以「優勢」控制別人。父母可能把自己的完美主義傳承給孩子；父母越愛批判孩子的錯誤，對孩子的期許越高，這個孩子越可能變成完美主義者。

釋放完美之我的第一步，是學會辨識它的存在。它喜歡出沒的領域如下：

- **人生角色**：「我必須是完美的家長、兒女、員工……」
- **目標**：「要是我沒有確定一件事情會成功，就不能去做。」
- **學校**：「任何一科沒有拿到優等的成績，就表示我失敗了。」
- **工作**：「明年一定要升遷，不然我的前途就完蛋了。」
- **住家**：「一定要在有客人來之前，把家裡打掃到沒有任何髒汙。」
- **愛情**：「我一定要有完美的外表，才會有人愛我。」

你的情緒也是完美之我出場的訊號。要注意情緒，當你覺得卡住了、不知所措、挫敗、怨憎，在那些時刻問自己：「現在完美之我在命令我怎麼做？怎麼說？要我取得什麼？還是要我辦到什麼事？」

以下是我自己生活中的實例。我寫這本書的時候，遇到嚴重的寫作瓶頸。我折騰了兩星期，才明白實際的狀況：

- 完美之我不費吹灰之力就可以寫出這本書，一出手就是完美的稿子。
- 顯然我做不到那樣，所以不能接受這樣的我。
- 於是我給自己評分：「我寫不出這本書——我沒價值。」
- 這引發更多痛苦。我壓力變得很大，對心愛的人凶巴巴，吃力的寫出東西，擠出一點點也好。

認出完美之我後，你要這樣做：

- **承認它的存在**：這個世界告訴你，完美會帶來幸福，所以完美之我是你保護自己免於痛苦的調適機制。你在心裡說或大聲說出口：「完美之我，我知道你在努力幫忙，但你其實把情況弄得更棘手。」
- **重拾控制**：告訴它，「我不需要你說這些話，因爲我現在明白了，我不必完美無瑕也可以幸福。」

你越常這樣做，完美之我越安靜，你越心平氣和。

致力成為完美之我，就像在沙漠裡陷入絕望的乾渴。你看見海市蜃樓的幻象，跌跌撞撞的走向看似綠洲的地方，但不管走了再遠，距離都沒縮短。那是永遠不會成眞的錯覺。

認識你的眞我

別只因爲你的完美之我讓你受苦就割捨它。割捨是因爲它阻斷了你的喜悅泉源，接受並擁抱你的眞我。

每個靈性傳統都主張，在舊幸福的一切制約下，**有一部分的你充滿了愛、跟人有連結、良善，你本來就是那樣**。**這是你的眞我**。

近代的心理師與科學家一直在研究眞我。理查．史華茲（Richard Schwartz）博士的研究成果就是令人信服的實例，他創立的革命性療法便是以眞我的概念爲核心，稱爲內在家庭系統（Internal Family Systems）。在他執業的四十年裡，他發現每位個案都擁有眞我。跟自己的這一部分建立連線，就可以取用一切與良善掛鉤的美德：智慧、勇氣、仁慈、包容、愛。

這是你的眞我。這是你與生俱來的，不可能失去。你不必改變天性，不必有什麼成就，就能觸及眞我。你只要掃除擋在眞我之前的障礙就行了。

你每一次放下完美之我，都是在掃除障礙。那是在闢出空間，讓眞我得以浮現。

這樣的概念或許很激進，尤其是從小就被灌輸、認爲自己很壞的人。但你可以直接跟自己的眞我連線，實際體驗自己的良善。做法如下：

一、回憶你最近的困境，像是一場衝突、痛苦的情緒、一個你碰到的挑戰。

二、想像你可以觸及自己力不從心的那一部分。

三、疼惜你的那一部分。也許是說說「我來陪你了」、「那眞的很難熬」之類的話。也許是深呼吸，將手放在胸口，或是想像你在擁抱自己。要是不確定該怎麼做，想想如果你的朋友遇到相同的情況，你會如何對待他。

你會察覺自己有兩個部分：一個是受苦的部分、一個是付出關愛的部分。兩者都是你，但後者是你的眞我，就是永遠可以付出愛、伸出援手、建立情感連結的那一部分。當你接觸自己的眞我，覺得自己「不足」的想法就顯得奇怪而愚蠢。看看你自己吧！你絕對是很美好的人。

你圓滿無缺

很多人不願意愛自己，想著要等到有朝一日我們終於成爲完美之我，這個我才值得我們去愛。今天是你可以選擇接納自己原本的樣子、愛自己的日子。

一向以來，我們接受的教養都說「不完美」就是「壞」。其實就因爲不完美，我們才是人類，而人性賦予我們眞我，眞我是我們良善的根源。兩者不能一刀兩斷。你良善且不完美，兩種特質永遠同時存在。你有強項跟弱項；你幫過人也傷過人；你成功過也失敗過。你是人類，本來就不完美又有價值，而你與其他人類一起生活，他們也是本來就不完美又有價值。

我們追求舊幸福所主張的好，也就是完美，才導致我們不能觸及自己不變的內在良善。你越是忙著變成完美之你，越沒時間去觸及自己的良善並且與別人分享。這是你的天賦泉源——後續的章節會爲你細說分明。

每一天，你都可以選擇停止給自己評分，放下完美之我，連結眞我。這樣做，就會漸漸轉移到新幸福的世界觀。你開始明白，「我眞的圓滿無缺，本來就如此。」

本章重點

◆舊幸福的第一個謊言是你有所不足。

◆使用一刀兩斷技巧，將你的自我價值與你的行動切割開來。你可以處理自己的行為，不必評估你是否夠好。

◆我們給自己打造一個完美之我的樣板，以為必須變成那樣才會快樂。我們時時刻刻都在用那個樣板評估自己。

◆當你注意到那個完美之我，承認它在設法幫助你，然後放下它。

◆放下你的完美之我，能幫助你連結真我——也就是你良善、有愛、不曾斷線的天性。

第五章

謊言二：到時候你就會幸福

安德烈·阿格西（Andre Agassi）是冠軍網球手，在職業生涯裡拿下八次大滿貫。坐上網球界的龍頭寶座以後，他說：「我一點感覺都沒有。」

我一點感覺都沒有。

我做研究的時候，跟一位名叫布蘭迪的女性談過話，她說了自己在學術圈十五年的生涯巔峰。「我拿到博士學位，進了頂尖大學爭取終身教職，後來拿到終身聘。我一點感覺都沒有，眞的。只覺得『就爲了這個，我吃了那麼多苦？』」

我有個朋友付出八年的光陰等著成爲律師，結果做了律師卻鬱悶不已；現在她在等退休。另一位朋友三度工作過勞，卻很篤定有一天他會升遷，**然後**遲來的幸福便會降臨。

或許你也記得自己努力以赴，達成目標，然後很訝異快樂匆匆消退，而你什麼都不剩——或者更糟的話，只剩下不快樂。

成就的謊言

第二個世界觀問題是：我該做什麼？

舊幸福的答案是，你必須達成預期中的成就。

其實你有一項了不起的能力，而你大概視爲天經地義，那就是訂立目標、著手實現的能力。你能夠想像未來可能的樣貌，擬訂計畫，實現目標。

那爲什麼這麼多人，最後像阿格西和布蘭迪那樣——以不可思議的想像力與精力去實現目標，然後……一點感覺都沒有？

將近四十年前，心理學家理察．萊恩（Richard Ryan）與愛德華．德西（Edward Deci）見了面，兩人一起討論目標這回事。這一場對話引發了幾十年的合作、幾百項研究，還建立了「自我決定論」（self-determination theory），這可是心理學最重要的理論之一。他們跟夥伴肯恩·謝爾登（Ken Sheldon）、提姆·卡瑟（Tim Kasser），讓我們對目標如何促進（或阻礙）幸福有了許多認識。

目標有兩種：外在目標與內在目標。外在目標聚焦在取得外在的認可與獎勵。這些是舊幸福的成就，我們相信自己必須做那些事才能幸福。以下是最常見的目標：

- **人緣**：受到衆人欣賞
- **合群**：取悅別人
- **外貌**：賞心悅目
- **財務成功**：要富裕

這些成就本身不會眞的令人幸福。我們追求這些目標，是因爲我們認爲有了這些成就，幸福便會以某種方式降臨。

重點不只在於你在追求什麼，那些追求背後的原因也很重要，往往你追求那些成就是因爲舊幸福的信念：

- 你認爲必須變成完美之我：「我一定要錄取這間學校，才是有價値的人。」
- 你跟別人競爭同一個目標：「這是大家都在做的事。」
- 你會因爲這個目標受到懲罰或獎勵：「要是我不做這件事，爸媽會生氣。」

我們這輩子一直把該做的事轉化爲內心的指示，我們在網路上看見不計其數的成就、看到別人因爲那些成就得到的讚譽，也看到要是不做符合別人期待的事，會有什麼下場。

這就是阿格西的遭遇。他沒有選擇當網球手，那是他父親的決定。在他嬰兒時期，他的奧運拳擊手父親就宣布了，他要把兒子訓練成世界最強的網球手。他父親在後院搭建網球場，製作一具發射網球的機器，阿格西稱爲「惡龍」。他一天要擊出兩千五百顆球，惡龍才會高興。從他的自傳，你可以感受到他的痛苦，他擊球、擊球、擊球，但不管他怎麼努力，永遠都不夠。

成爲明星網球手是舊幸福的成就，所以阿格西從來不滿足，無論他贏了多少比賽，無論他得到多少誇獎，無論他賺多少錢。他說過：「我靠網球討生活，即使我討厭網球，我偷偷痛恨網球，一直恨之入骨。」

回想你以前追求過的目標。

這個目標……

- 是別人（家人、群體、文化）替你選擇的嗎？
- 是你因爲別人做到了才選擇的嗎？
- 是會讓你覺得自己「贏了」人生競賽的事情嗎？

你相信要是實現了那個目標，就會……

- 證明你夠好？

- 讓你其他的問題全部消失？
- 讓你終於可以放鬆，或是可以辭職去做你眞正在乎的事？

在你爲目標努力的時候，你是否……

- 犧牲你重視的其他事物（嗜好、感情、健康、價値觀）？
- 覺得必須在特定的時限之內做到，或是必須以某種方式做到，所以有壓力？
- 莫名其妙的日漸不快樂？

如果你在以上問題回答了一個「對」，你就曉得被舊幸福的成就擺布的滋味。

爲什麼外在的目標不會令你幸福

被外在目標吸引，看到目標似乎可以帶來的好處，心動是很正常的。最近新幸福的設計案報名了一場比賽，等待比賽結果出爐的時候，我察覺自己在想：「希望我們會贏！」但在這些滿懷希冀的念頭後面，還跟著纏人、貪婪的念頭，比如「要是搬回獎項，我一定會快樂得多。」還有「這個獎項會證明我的作品夠好。」

「到時候我就會開心了」、「等到那件事情實現了……」之類的念頭，是你抱持舊幸福的線索。這種時候，就要動用貼標籤的力量。對自己說：「那是舊幸福的想法，不是我。」我就是這麼做的，我發了個訊息給一位朋友，告訴她我的感受，而這協助我看清真相。

外在目標看上去或許很誘人，卻永遠不會帶來幸福。那些目標給不了幸福，不能滿足我們的根本需求。事實上，大量的研究證明了外在目標更可能跟不快樂沾上邊，包括：

- 身心健康惡化（包括更焦慮、憂鬱）
- 生活滿意度下降
- 人際關係的品質較差

- 出現正向情緒的頻率減少
- 比較沒自信
- 更多壓力

而且很諷刺的是，研究發現追求外在目標的人，達成目標的可能性較低。即使你**眞的**想要實現外在目標，**眞的**賣力追求成功，那照樣滿足不了你。一項二〇一四年的研究調查了兩組律師。第一組追求外在目標，想靠報酬高的案子大發利市。第二組律師造福世界，從事報酬較低卻有意義的工作，承接非營利、永續性、公益類的案件。第二組的律師更快樂、更健康，儘管第一組律師「如願以償」。

追求那些目標強化了舊幸福的世界觀，因爲強化了這個世界是一場競爭的想法。金錢、聲望、社會地位感覺都很稀罕，必須爭取才會有。你永遠都要更努力、更積極、更忙碌。永遠盯緊身邊的人，防止他們跟你分一杯羹。用你的成就證明你遠遠比他們優秀。當然這種心態會變成自我實現的預言，強化我們的競爭文化。由於隨時都在跟人較量，研究顯示，外在目標跟人際關係較不令人滿意有關。

總結來說，如果你追求成果，你在努力的過程大概不會太快樂；你實現目標的可能性較低；而要是你成功了，你不會因此快樂。這未免太不划算了！這就像想把破洞的水桶裝滿水。不管你加了幾遍水，水桶都會又一次變空。

對於成果，我是這樣想的，我們仍然如此堅決的追求這些目標的事實，在我看來，證明了我們是如何深切而眞誠的想要幸福。我們願意在當下吃盡苦頭，去交換我們認爲未來會帶來幸福的事物。可怕的是那其實行不通。

內在目標在實現的過程中就很開心

我們來看另一位網球手，羅傑．費德勒（Roger Federer），他贏得大滿貫二十次，是史上第三多。他的網球之路與阿格西截然不同。

費德勒從小熱愛運動，尤其是足球和網球。十一歲時，他決定專門打網球，主要是因爲他喜歡單人運動，不愛團隊運動。那是他對事業路線的眞摯選擇，他在體壇的後續發展我們都知道了。

這就是第二種目標——內在目標。內在目標的主要類型如下：

- **安全**：覺得安定，供應自己與心愛之人的生活所需
- **健康**：照顧你的身心健康
- **自我接納**：學會愛自己
- **成長**：尋找蛻變的方式
- **情感連結**：建立正向的人際關係
- **群體**：成爲一個群體裡的一員，爲別人付出

研究顯示，內在目標**的確**讓人更快樂，與外在目標形成鮮明的對比。**內在目標可以滿足你的內在需求，所以內在目標讓人樂在其中、充滿意義、令人滿足，不只在實現之後，在實現的過程也是**。

我們看到費德勒正是如此。在二〇一六年的訪談裡，他說：「我實在太愛網球了，就算沒贏我都不在意。」

如何關閉舊幸福的自動駕駛模式

自動駕駛系統的目的是讓人類舒服的坐著，由科技操控汽車的方向和速度。駕駛不必專注在開車，可以把心思放在旅程裡更複雜的元素。

舊幸福幫我們啓動了自動駕駛模式，牽引我們走向外在目標，掌控我們的速度：**快一點、再快些、再更快點**。我們只是被載著走，感覺到莫名其妙的鬱悶情緒在說：「我一件事都沒做錯！幸福怎麼還沒上門呢？」

舊幸福的自動駕駛模式不讓我們看見大局，反而分散我們的注意力。當你處於自動駕駛模式，你可能很難後退一步，問道：「我在做的事眞的適合我嗎？」

在一項研究中，研究團隊請大學生寫下他們給自己訂立的目標。研究團隊認爲既然這是開放性的問題，不帶任何批判，學生們寫下的目標應該會是自由選擇的項目。後來學生們重新檢視自己的清單，然後標示那些目標是他們礙於壓力去做的事，還是他們眞心想做的事。稍微後退一步之後，很多學生承認自己寫下的目標大部分是外來的。這就是自動駕駛模式的運作方式，一張白紙，沒人會批判你，而你寫下的期盼與夢想依然不是你自己的。

但就跟現實生活的自動駕駛系統一樣，你可以在任何時刻拿回自己的主控權。你才是駕駛，你說了算，這是你的人生。別讓自動駕駛模式主宰你的生命。你爲自己設定的目標**很重要**，那會影響你的日常情緒、經歷、人際關係，雕琢你生而爲人的長期發展，牽引你的人生走向。

以下是一些證明有效的簡單做法，能幫助你甩掉自動駕駛。

看看你目前的目的地

要脫離自動駕駛模式，拿一張紙寫下你目前的全部目標，不分大小。稍後再看一遍，圈出那些感覺上眞的屬於你的目標。你的清單或許會類似這樣：

- 好好照顧身體
- 升遷

- 清掉家裡的雜物
- 贏得公司設置的獎項
- 跟朋友、伴侶、孩子、家人共度更多時間
- 跑馬拉松

要是哪一個目標不曉得應該算哪一類，評估那會讓你在實現的過程裡快樂，還是只有未來實現了目標才會開心。「贏得公司設置的獎項」是關於結果；「跟心愛的人共度更多時間」是關於過程。

你對目標的措詞也會洩露線索。「升遷」是舊幸福的成就，因為屬於外界的肯定；這也可能轉換形式為「進修一門課程，做為對職業發展的投資」，或「練習領導技能，準備日後成為經理」。

阿格西終止了他的自動駕駛。他說：「只因為以前的人生不是我自己選的，不代表我現在不能替自己作主。」他開始給自己設定不同的目標。身為八年級就輟學的人，他很渴望讓孩子們接受教育。二十四歲時，他在家鄉拉斯維加斯開設自己的第一

間特許學校[1]。後來他的學校還進而擴展成一個基金會，每年協助超過六萬五千個孩子受教育。

決定你要往哪裡走

如果你的自動駕駛模式已經啓動很久了，關閉後略感茫然很正常。問自己「我想要什麼？」對你來說或許太躁進了。

要是你允許自己做你喜愛的事、你享受的事、你一直很好奇的事呢？你獨特的願望與夢想很重要，那些東西不是隨機的。那是通往幸福的重要關鍵。停下來，准許自己選擇一個對你眞的意義重大的目標。對自己說：「最優質的目標，是在實現的過程裡就很開心的那一種。」

一個令人快樂的目標往往蘊含三種動機：它具備讓你感興趣或好玩的特質、對你個人很重要，或反映出你的價值觀。所以練習跑步五千公尺或儲蓄，或許不是最讓你開心的事，卻依然有助於你的身心健康。

腦力激盪幾個你想要追求的目標。下列幾個例子只是提供靈感（但要記住，最要緊的是選擇你覺得合適的目標）：

- **安全**：「我要存一筆安全準備金。」
- **健康**：「我要跟朋友們一起練習跑步五千公尺。」
- **自我接納**：「我要開始更常講『我不要』。」
- **成長**：「我要學會拉小提琴。」
- **情感連結**：「每週五下班後，我要在走路回家的路上打電話給爸爸。」
- **群體**：「我想找一個我能貢獻一技之長的非營利組織。」

猶疑不決的時候，一個簡單的提醒就能幫助你。一項研究發現，提醒一個人「順

1 通過政府審查立案的民營學校，但辦學成果必須接受政府考核。

從自己的眞實心意」或「信任你的直覺」，就能幫助他們關閉自動駕駛模式，設定內在目標。

好笑的是，直接追求喜悅與意義的人最後往往會成功，費德勒就是一例。弗雷迪・羅傑斯曾經描述這種現象，「我在這許多年來見過的成功人士，給我最深刻的印象是他們對自己在做的事，顯然樂在其中。那種愉快看起來跟世俗的成功沒什麼關係。他們只是喜愛自己在做的事，也樂於讓人知道。」

採取眞摯的行動

許多廣告會展示「使用前」和「使用後」的照片，比對一個人在使用產品之後的變化。舊幸福的成就在你心裡的畫面也一樣：你的現狀，不像樣的你在左側（「以前」），而完美之你的成就放在右側（你潛在的「以後」）。

以前：你，望著空白的紙頁，陷入寫作瓶頸。

後來：你的專欄登上了《紐約時報》頭版。

以前：你，從事你不滿意的辦公室工作，既無趣又不受尊重。

後來：你，動見觀瞻的高階主管，帶領你的團隊邁向成功。

以前：你，躺在沙發上，感到疲憊。

後來：你，意氣風發的跑完馬拉松，脖子上掛著獎牌。

這樣的比較讓你渴望未來的畫面，厭惡現狀的畫面（也討厭在以前的畫面裡的那個你，又進一步強化完美之我）。記住，阿格西的痛苦根源，是硬套到他頭上的未來畫面，一個史上最成功的網球手。

幸福不在未來。任何未來的成就都不會給你長久的幸福。當然，夢想實現一個目標、擁抱自己的願景，是有價值的。但新幸福的目標不像那些以後的畫面，根本沒有畫面可言，只有感覺溫暖、希望或意義。

與其渴求未來的畫面，專注在你可以在當下拍攝的快照，你今天可以採取的眞摯行動：

「真想知道要是我寫那個主題的話，我會寫出什麼內容。」

「我來想想今天要怎麼幫助我的團隊。」

「改天試試長跑應該很不錯。」

幸福只在此時此地，來自去做有意義、喜悅、心滿意足的事。眞摯的行動不但在短期內讓人滿足，還可以長期累積，變成有意義的事。這就是費德勒的喜悅泉源，他的日常寫照，就是因爲熱愛網球而打網球。

下一次你察覺自己在夢想著未來的畫面，把自己拉回當下這一刻。**有什麼眞摯的行動是今天可以做的？寫一頁稿子、協助一位同事、給跑鞋穿鞋帶。**

這些眞摯的行動可以協助你找到幸福，還有別的好處。

所有關於外在及內在目標的研究，都立足在我們前一章討論過的同一個觀念：你的眞我是良善的。

在你的內心，眞我非常清楚要怎樣才會開心、才會有強烈的動機去實現目標。一旦你觸及眞我，永遠都不必再問：「我要怎樣才會有更多幹勁？」你會本能的採取獨一無二、眞摯的行動，在行動中成長，還感覺良好。

如果你需要更多關於眞我的證明，看看這兩種目標的名稱。extrinsic（外在）來自法語 extrinsèque，意思是「不屬於一件事物的本質或內在特質」。外在目標跟你實際的天性並不一致。所以絕不會令你快樂，無法滿足眞我的需求。當然，外在目標可能是一種欲望，但欲望不會給你持久的快樂，因爲沒有觸及你的核心本質。

反之，內在（intrinsic）的意思是「內部的、向內的」。內在目標**確實**符合你的本色，**確實**滿足你眞正的需求。**我們最重要的需求是情感連結、分享、貢獻、成長、愛與被愛、在可以安全展現個人本色的世界生活**。假如這不叫良善，還有什麼是良善？

波蘭心理學家卡齊米日．東布羅夫斯基（Kazimierz Dąbrowski）說：「眞摯驅策我們與自己較高層次的天性契合。」當你追求新幸福的目標，結果就是與自己的眞我接軌，也就是你的內在良善。

每次採取眞摯的行動，就是在連結並擴展你的眞我。這能幫助你漸漸重拾自己的本色。這種眞實的隱性威力，正是追求新幸福的目標的效果。

你可以從這個新的角度，考量你所有的目標與決定：

- 做決定時問：「什麼選項更可以展現我的本色？」
- 設定目標時問：「這可以照顧到眞我的需求嗎？」
- 規劃一日事務時問：「今天我可以做什麼事情來展現我自己？」

我們最開心的不是「有了一些進展」，而是採取了跟眞我一致的行動。幸福不是你刻意去做的事。儘管聽起來很老套，幸福其實在於過程，但不是取得某些成果的過程。而是你從自己的行動裡，漸漸重拾個人本色的過程。

行動不是爲了一個目的而施展的手段，行動本身就是目的。行動造就了你這個人，構成了人生。我們在行動中尋獲幸福。

本章重點

◆舊幸福的第二個謊言是如果你實現了某些目標，你就會幸福。那是外在的目標，不能幫助你找到幸福（有時甚至會傷害你）。

◆舊幸福讓我們在自動駕駛模式下生活，操縱我們去追求會傷害自己的目標。寫下你的目標清單，評估哪些目標是你真正在乎的，以便關閉自動駕駛模式。

◆將你設定目標的力量用在新幸福的目標，也就是滿足你需求的內在目標。這些目標可以幫助你，讓你嘗到採取真摯行動的喜悅，同時為一個有意義的目標努力。

◆追求新幸福的目標時，你連結並擴展自己的真我。

第六章
謊言二：你只能靠自己

在兩億五千多萬年前的古生代晚期，地球的陸地統統連成一片超級大陸，稱爲盤古大陸。

在三疊紀尾聲，板塊運動開始拆散盤古大陸。碎片開始漂移，一次幾毫米。幾百萬年下來，盤古大陸裂成兩塊，成爲勞亞大陸跟岡瓦納大陸。後來又一次分裂，變成我們今天知道的各大陸。

我們已經將每一片大陸視爲獨一無二的獨立陸地。但各大陸並非一直都是分離的。佛羅里達州曾經跟塞內加爾、幾內亞毗鄰。新斯科細亞以前跟摩洛哥相連。

舊幸福的文化就像分裂盤古大陸的板塊運動，將曾經相連的拆散。我們跟別人的精神距離，從來不像現在這麼遙遠。我們忘了幸福最重要的要素，沒能體認到我們是相連的。

分離的謊言

第三個世界觀問題是：我跟別人有什麼關係？

舊幸福的答案是，你跟誰都不相干。

你接受的教養是身爲一個人，你跟別人、群體、世界是分離的。只有一個「你」跟「你以外的其他人」。

這是我們的世界觀裡最根深柢固的信念。你跟其餘的所有人似乎眞的完全分離。你們在不同的身體裡，不是嗎？你有自己的想法。你有高低起伏的心情。你有明確的需求、欲望、夢想。

話是沒錯。然而這不是全貌。「沒有人是完全自成一體的孤島。」這是詩人約翰．多恩（John Donne）一六二四年染上斑疹傷寒，在倫敦的病榻上寫出來的詩句。

但我們就是被灌輸要這樣子看待自己。在一篇重要的論文中，研究員海柔爾・蘿絲・馬庫斯（Hazel Rose Markus）與北山忍主張，你看待自己的角度深受文化的影響。我們在個人主義文化之中長大的人，看待自己的角度就跟群體文化薰陶出來的人截然不同。

我們學到的是去重視符合個人主義理念的能力，例如：使命必達、獨樹一格、獨立解決問題。當我們描述自己，我們在措詞裡突顯自己的特殊、與眾不同，比如「我聰明伶俐。」或「我很成功。」或「我是運動健將。」我們抱持這種自我觀點的傾向，佛教哲學家艾倫・華茲（Alan Watts）稱之爲「披著一張人皮的自我意義。」

詩人艾略特（T. S. Eliot）在介紹但丁的《地獄》（*Inferno*）時寫道：「地獄是一個萬物之間沒有任何連結的地方。」分離的謊言讓我們的世界變成自己的地獄。

我們關心與自己有關聯的事物。如果你跟別人是分離的，就不必關心自己以外的人事物。當你的親友生病或變成包袱，干擾到你追求個人的目標，你連最親密的情感連結都可以放開。看到睡在路邊的人，你會繞道而行，置之不理。一個遠方的國家面臨全球暖化的苦果，我們會關注一秒鐘，然後駕駛消耗汽油的汽車去上班。

在這樣累積出來的文化中，每個人都只想關注自己一個人。想做什麼就做什麼，想何時做就何時去做，不在乎那對別人的影響。跟人劃清界線的生活讓你跟別人對立，不跟別人同一陣線。在這樣塑造出來的世界裡，別人是利用完就扔到一邊的東西，或是當做實現某個目標的工具。人生變成無止境的競爭，因爲沒有共享的事物，一切都要靠自己奮鬥。這種只顧自己成功的行爲，我們的文化並不認爲有問題，還予以頌揚。這驅使我們追求外在目標，想成爲完美之我。

關於進一步的證據，看看我們如何對待陷入困境的人吧。我們要他們解決問題——要自立自強。他們必須改變自己、培養新的習慣，不然就是叫他們管好自己，直到「變好」爲止。什麼是變好？堅強、獨立、不再需要任何協助。把他們隔絕。我們很少過問他們身邊的生態環境，是怎樣的社交、文化、環境條件，讓這個人不幸福？當你心愛的人面臨難關，你會不會問自己：「他們的痛苦跟我有多少關係？」大部分人不會。那是他們的痛苦，是在他們披著一張人皮的小小自我意識裡的東西，所以是他們自己的問題。

另一個例子——父母。一項研究估計，美國有六十六%的上班族父母符合親職過勞的標準。他們疲憊不堪，懷疑自己沒有能力做個好家長。爲了應付過勞，他們跟孩子切斷連結，喪失爲人父母的喜悅與意義，而這又加重了他們的壓力與疲憊。

在一項重要的研究中，科學家發現在個人主義的國家，過勞父母的比例遠遠超過其他國家。美國嚴重缺乏支持父母與照護者的基礎建設。肯德拉・赫里（Kendra Hurley）在《大西洋》（*The Atlantic*）雜誌的文章裡指出，這一切的根源是我們相信「好」父母是獨力照顧兒女的人，而「政府對家長的支持，會跟父母照顧兒女的責任起衝突」。主持這項研究的科學家依莎貝爾・羅斯卡姆（Isabelle Roskam）指出舊幸福的文化是肇因，「我們個人主義的國家培養出狂熱追求績效與完美主義的人。在這些國家爲人父母，是非常孤立無援的事。」

當你跟人疏離，你心裡的一切、你遇到的大小事，統統要由你負責搞定，包括你的幸福。你只有自己一個。

但這跟多年來的研究背道而馳。我們深深受到周遭世界的影響。

科學界一致同意，最能影響長期幸福的重要因素是你的人際連結。哈佛大學持續最久的研究，是追蹤七百二十四人的生活超過八十年。他們主要的研究結論是，最快樂的人是跟別人關係最緊密的人。

跟人切斷連結時，我們的身體會承受嚴重的傷害。寂寞比抽菸、靜態生活更致命，失智的風險增加五〇％，早逝、心理健康問題的風險也隨之上揚。

看看我們懲戒囚犯的手段吧，我們讓他們單獨監禁，剝奪他們跟人接觸的機會，而這會重創他們的精神。一項研究發現，單獨監禁者的心理創傷症狀是在一般牢房者的兩倍，自戕的可能性則是一般囚犯的七倍。許多人權工作者認爲，單獨監禁是一種酷刑。

這道理很淸楚，人際連結越緊密，人多半也越健康、越快樂。跟人越疏離，身心往往也越不健康、不快樂。

爲什麼？我們跟別人無論如何絕對不是分離的。重拾跟人的連結是我們的任務，幸福則是回報。

一個人的自我需要其他人的自我

舊幸福總是讓人不滿足的原因，在於否定另一個關於我們天性的眞相，我們不但是需要在眞摯的行動中展現自我的好人，還是跟別人息息相關的人。

這是生命瀕臨結束的人急著告訴我們的事。約翰．多恩寫下那首詩的三百九十六年後，一位名叫艾略特．達倫（Elliot Dallen）的年輕人也在同一座城市即將死於癌症。他爲《衛報》寫了一篇感人的文章，附和了多恩的詩：

> 罹癌之前，我自認為非常獨立，那個我是一座孤島。罹癌之後，察覺自己多麼依賴旁人，在身心兩方面都離不開人，是很令人謙卑的領悟……不論日子是好是壞，或是更不堪的日子，到頭來都是你心愛的人、你在乎的人跟你一起度過。

這是分離的謊言最終極的諷刺之處。我們相信自己完全獨立，然而一個人的自我，卻是在跟其他人的互動及人際關係中建立、成形的。

嬰兒不相信自己跟照護者是分離的，要到幾個月以後才會改觀。嬰兒漸漸長大，透過他們跟身邊其他人的關係建立「自我」。我們甚至根據別人對我們的看法，形成我們對自己的看法，社會學家將這種現象稱爲「鏡像」自我。

大腦天生就是用來跟人打交道的。就像我們需要食物與睡眠才能生存，我們也需要社交互動。我們在成長的過程裡要跟別人、跟身邊的世界互動，大腦才能發育。神經科學家指出，我們發自內心的想要跟人事物連結，要是生活裡缺乏這些連結，我們會焦躁且沮喪。

我們的自我發育的比較成熟以後，會持續受到別人及周遭的世界影響。比如今天我寫這些文字的時候很疲倦又心痛，因爲昨天我在爲俄羅斯入侵烏克蘭的戰爭哭泣，熬得太晚沒睡覺。我覺得寂寞，由於政府在疫情期間的政策沒有照顧到身障人士，以致我孤立了超過兩年。當我欣賞好友的婚禮照片，我喜不自勝。但我應該相信自己跟朋友、群體、世界是分離的？

我們的喜怒哀樂也會感染別人。一篇論文估計，當你有了情緒，八〇至九十五%的時候會告知別人。在一項著名的研究中，研究團隊調查一個將近五千人的群體二十多年，列出他們彼此的社交關係，辨識出超過五萬組人際關係。他們發現，當研究對象裡面有一個快樂的人，便會引發連鎖反應——那個人的人際網絡會開心起來，然後與**那些人**有連結的人也會更加快樂。與你素昧平生的人會影響你的幸福。

當我們跟別人有了新的連結，我們彼此影響的範圍會進一步擴大。在一項實驗中，研究員操控了在臉書牆面上的動態消息。當大家看到牆面上的負面訊息變多，自己更新動態時也比較會寫負面的內容。正向的訊息變多時，大家更新動態就比較會寫正面的內容。

沒有「我們」就沒有「我」。

找到交集

改變我們對自己的觀點，從與人分離變成與人相連，是我們在此時此地就可以做的事。

我稱爲建立交集。你在以下時刻會自然生出跟別人一致的情感：

- 出門健行，讚嘆大自然
- 看著心愛的人結婚
- 慶祝一個群體的成就
- 得到兒女的擁抱
- 觀賞撼動你靈魂的藝術作品
- 跟朋友共同歡笑
- 跟心愛的人一起哀悼一場悲劇
- 看著你支持的運動隊伍或國家，在運動賽事勝出

我們習慣跟心愛的人建立交集。當你跟一個人有了親密的關係，自然會開始將他們的一部分視爲自己的一部分。這是我們會急速墜入愛河的原因之一：突然間，虛假的分離消失了！你彷彿跟心愛的人融爲一體。這種交集甚至會改變你的大腦；一項研究發現，當一個人聽見好友的名字，大腦的反應模式就跟聽見自己名字差不多。

你已經知道要怎麼做了。現在你可以刻意這樣做，練習把別人當人看；看見他們

身爲人類的一面，而不是他們的用處。

想像你是一個圈圈，孤伶伶的自成一國，別人是另一個獨立的圈圈。兩個圈圈要怎樣建立交集、串聯在一起？

方法一：看見別人的良善

就跟你一樣，每個人的內心都有一個眞我。花一點時間，找出他們的良善之處。

- 對朋友：想想他們讓你學會的事，或是他們給過你的讚美。
- 對同事：想想他們上一次幫你處理的公事，或是他們如何傾力協助一位客戶。
- 對孩子：想想他們示愛的行動，比如他們爲你畫的圖畫或是他們跑過來抱你的樣子。

方法二：聚焦在你們的共同點

研究員發現，在言詞中使用「我們」（「我們要怎麼做這件事？」或「怎樣才可以讓我們開心？」）可以幫助你從分離走向連結。看著一個人，問自己：「我們有什麼共同點？」

- 對脾氣暴躁的同事：想想你心情也暴躁起來的時候。
- 對你的伴侶：想想你們共度的苦日子，還有你們共享的喜悅時光。
- 對陌生人：想想對方就跟你一樣，是一個人類，努力追求良好的生活，會痛苦，會碰到許多挑戰，而對方也只是想要幸福。

方法三：一起活動

另一個建立交集的方法，是跟另一個人一起行動，或參加群體活動。

- 對兒女：玩拋接球或遊戲。
- 對朋友：一起去跳舞、唱歌、健行。
- 對同事：爲棘手的問題安排腦力激盪的時間，找出解決方案。

這些活動可以改變我們的行爲，讓我們有辦法更信任對方、協助對方。連小朋友也是，一項研究發現，一群四歲小朋友在一起製作音樂之後，他們更有可能彼此合作、互相幫忙。

我們可以一次建立一個交集，開始跟別人恢復連結，從中受益。一八八〇年，畫家梵谷在一封寄給摯愛的弟弟西奧（Theo）的信裡，描述過這種人際連結，我很喜歡他的說法。「你知道是什麼讓人從禁錮中得到自由嗎？就是各種深刻而認眞的喜愛。不論是做朋友、做兄弟，愛，都憑著某種魔力，以至高無上的力量打開囚籠。沒有愛，人就身陷囹圄。重拾情感，就重拾生命。」

利用發問來拓展你們的交集

建立交集的大原則，符合宗教、靈性及道德教導的核心主張。然而即使是這些群體的領袖，對於打破宗教藩籬也會感到爲難。我們都是人。

我曾經聽大衛．庫柏萊德（David Cooperrider）教授說過這方面的往事。一九九〇年代晚期，他受邀爲世界各地的宗教領袖主持一場公開的對談。那些宗教有些已經超過四百年不曾交流。

活動前夕的氣氛很緊繃。庫柏萊德偶然聽到一位主教的言論，說他很擔心這場對談，不確定對談是不是好事。

隔天，二十位宗教領袖齊聚一堂。庫柏萊德讓他們兩兩一組，要他們互問：「我想了解你的人生志業清楚浮現的那一刻或那段日子，可以跟我聊聊當時的一件事嗎？你意識自己在人生結束之前要做的事是什麼？」分組討論完畢以後，他們一起回到現場，每個人都要跟全場的人介紹自己的夥伴，說一點夥伴分享的故事。

那位對這場高峰會談憂心忡忡的主教，被點名介紹他的夥伴娑婆彌．慈達難陀．

薩囉薩伐底（Swami Chidananda Saraswati）。他神情緊張，似乎不知所措。好不容易，他一手搭著娑婆彌・慈達難陀的肩膀，結結巴巴的說：「我只想說……我只想說……我好愛這個人啊！」

問別人問題、傾聽他們的回答，不僅可以拓展你們的交集，你也會連結到自己的眞我，將許多的愛注入你看待別人的眼光。對，這個人跟你或許是有些不同，但他們也很多地方跟你非常相像。

「摯友程序」（fast friends procedure）是一種反覆受到研究的練習，做法是讓兩個素昧平生的人回答三十六個親密度緩慢增加的問題。

一開始的問題是像這樣：「你有沒有在打電話之前練習過要講的話？爲什麼？」之後漸漸問到比較私人的事，比如「你有沒有一直夢想著要做的事？爲什麼還沒做？」最後是很私密的問題，例如：「告訴你的夥伴你喜歡他們什麼地方。答案要非常誠實，要說你可能不會跟剛認識的人說的話。」

提出這些問題，不到一小時就可以建立親近的感覺與友誼。有些參與者說，這樣子聊完以後，他們的新朋友對他們的認識，已經超過跟他們最親密的家人與朋友。在最早的實驗中，其中一組參與者甚至陷入愛河，結爲夫妻。

研究結論令人驚訝，**發問的能力決定了我們跟別人建立交集的能力，進而影響我們的幸福**。這項發現可不能束之高閣，要應用在日常生活才行。重點在於你的問題，要能吸引對方展露他們的眞我。問題可以很簡單，例如：

- 老實說，你心情怎麼樣？
- 今天你有什麼很開心的事？
- 接下來這幾天，有沒有你很期待的事？
- 可不可跟我說說你……的事？
- 你對自己有什麼自豪的地方？
- 你現在有什麼困難？
- 你需要什麼？

敞開心胸跟人連結，或許會讓你感到脆弱，尤其是如果你被人傷害過的話。我們都曾經被人利用、被人拋棄、因爲自己人性的某一面而被人否定，我們清楚那有多痛。我們都是過來人的事實，可以變成我們強大的動機，盡力讓別人不要踏上後塵。你要採取行動，幫助別人避開這樣的負面經驗，或是在他們遇到那種事之後，協助他們撫平傷痛。

你跟別人是相連的

分離的謊言說你不能一邊做自己，一邊跟人扯上關係，一定要擺脫所有人際關係與責任的束縛。實際上，人際關係協助我們眞的做自己，全面開發自我的樣貌。就像約翰・多恩以下的詩句：「每個人都是這片大陸的其中一塊，是整體的一部分。」我們既是個別的獨立個體，也跟別人密不可分的相連——兩者皆是。

我們渴望以個人的身分得到的事物，比如施展最優秀的能力、得到個人成長、造福世界、幸福美滿，都要靠我們跟別人的連結才能實現。

你何時可以發揮自己最優秀的能力？在你眞的深深關心別人的時候。

你要如何得到個人成長？從前人身上學習、與人合作、聽取別人的評語。

你要怎麼做，才可以讓世界更美好？透過你給予別人的事物，要是沒有別人，你不可能戀愛、生兒育女、傳遞智慧、爲更遠大的目標付出、有所作爲，連逗別人笑一下都不行。

尚—保羅．沙特（Jean-Paul Sartre）的戲劇《禁閉》（*No Exit*）有一句名言：「他人即地獄。」多年來，大家拿這句話替分離的信條辯白。很多人不知道，沙特後來進一步闡釋了這句話：

那只是事情的其中一面。另一面似乎都沒聽人提起過，也就是「彼此即天堂。」地獄是跟人分離、不跟人溝通、自我中心，對權力、財富、名氣貪得無厭。反之，天堂既簡單又不容易，關懷你的人類同胞。只有大家在一起，天堂才有可能長長久久。

我們一個個的人要怎樣幸福起來？幸福要靠大家一起。

新的世界觀需要新的做法

在前三章，我們拆解了舊幸福的三個謊言，探索這些不曾付諸文字的謊言如何下達指令，要我們厭惡並懲罰自己擁有人性的一面，去追求令我們不快樂的目標，看不見自己跟別人的連結。

在騰出來的空位上，我們開始建立新幸福的世界觀，對那三個關鍵問題有了新的答案：

你是誰？你是有價值的人，本來就是。

你該做什麼事？你要採取真摯的行動。

你跟別人有什麼關係？你們是相連的。

當你從這個非常不一樣的角度看世界，你會受到啓發，想要追求一種很不一樣的人生。忽然間，一心追求完美，努力做到越來越多事情，而且全憑一己之力的念頭，就顯得很不理智、很愚蠢。那行不通，還會傷害你跟所有人。人生在世，一定有更好的生活方式吧。

眞的有。

幸福有一個簡單的祕訣，可以涵蓋以上三個信念，帶來你始終求而不得的長久喜悅。那就是我們接下來的主題。

本章重點

- ◆舊幸福的第三個謊言是你跟別人是分離的。
- ◆擁有人際關係是幸福的要件。
- ◆跟你生活圈裡的人建立交集，看見他們的優點，聚焦在你們的共同點，跟他們一起活動，問他們問題。
- ◆只有透過我們的人際關係，才可以解鎖我們的個人潛力。
- ◆新幸福的世界觀協助你明白自己原本就沒有不足，你在真摯的行動中成長茁壯，而你跟別人串聯在一起。

第三部

認識幸福

舊幸福的自我實現，是實現外在目標，比如名氣、權力、財富。

新幸福的真諦，不在身外之物，在於你是怎樣的人。

能圓滿展現自己，並超越自我為他人效勞，源源不斷的幸福油然而生。

第七章
關於幸福的根本眞相

在威斯康辛州的密爾瓦基，有間小小的顧問公司無意間改變了我們的幸福觀。一九四三年，人本主義的心理學家馬斯洛（Abraham Maslow）發表了開創性的論文《人類動機理論》（*A Theory of Human Motivation*）。在這篇論文中，他主張人類有五種核心需求：生理、安全、愛、尊嚴、自我實現。

這一套理論很多人知道，就是赫赫有名的需求層次理論。人類需求被畫成一個金字塔，生理需求在底部，自我實現在頂端。這個金字塔是我們文化裡的重要元素，榮登所有心理學的教科書，不計其數的複製圖在網路上散播流傳，舉世公認是確切無誤的事實。

其實那不是眞相，馬斯洛並沒有把他歸納出來的需求，畫成金字塔的形狀。

在一篇引人入勝的論文中，研究員陶德．布里奇曼（Todd Bridgman）、史蒂芬．康明斯（Stephen Cummings）、約翰．巴拉德（John Ballard）調查馬斯洛的學術論文如何變成需求金字塔。那演變的過程就像傳話遊戲，一個人看了馬斯洛的論文，予以簡化，稍微偏離馬斯洛的主張；另一個人引用了這篇新論文，偏離的程度又大了一些；最後在密爾瓦基的亨博穆迪麥克雷利（Humber, Mundie & McClary）顧問公司的顧問們也看到了，他們將文章內容畫成了視覺圖，就是我們都知道的金字塔。

這種資訊的演變很常見。我不怪那些顧問；我知道想用視覺圖精準的傳達概念有多難！問題是那個金字塔變成哏圖，圖片傳遞的文化資訊改變我們的世界觀，引導我們的行爲。

或許你記得另一個金字塔圖？就是臭名昭著的美國飲食金字塔。底部按照以前的營養指南，放上了米飯、義大利麵、麵包、穀片，每天應攝取六到十一份。第二層是水果（二到四份）和蔬菜（三到五份），隨後是肉類、豆類、堅果、蛋、乳製品（各二到三份），最上面是脂肪、甜品、油類（少量）。這個金字塔指引我們的飲食行爲，儘管內容不精確，內容受到想要販售食品的說客影響。有些專家認爲，這個金字塔推廣含有大量精緻碳水化合物的飲食，助長了美國人病態肥胖的程度。

就像飲食金字塔影響了我們在健康方面的決定，馬斯洛的金字塔影響了我們在幸福方面的決定。

需求的金字塔如何強化舊幸福

當我們認定舊幸福就是幸福的樣貌，馬斯洛的金字塔就會是不斷強化那三個謊言的圖畫。

1. 你必須爬到頂端

需求金字塔直接建立了等級制度。你從底部出發，一一滿足不同階層的需求，才可以登頂。我們認爲你要抵達頂端，才有資格自我實現；無力滿足較低層次的需求的人，則沒有「資格」。

密西根大學有一位公共衛生教授，名叫維克．斯特雷徹（Vic Strecher），分享過一則這方面的故事。他在烏干達工作時結交過一個朋友，名叫詹姆斯．阿里奈威（James Arinaitwe），這人五歲就成了孤兒，雙親死於愛滋。斯特雷徹說起他跟阿里奈威的對話：

印象中，那時候我問他：「馬斯洛的階層理論把人生目標放在頂端，只有萬事俱備的人可以追求，你覺得怎麼樣？」他哈哈大笑，說道：「也許你們西方人是那樣想，但一無所有的人就會明白，人生目標給你希望。沒有目標，你就真的什麼都沒有了。目標刺激你思考自己可以擁有的發展。目標刺激我去關心我最在乎的事情。要是沒有目標，我們就沒有希望了。這是窮人絕對不能沒有的東西。」

但馬斯洛在論文裡寫道，大部分人所有的需求都是滿足了一部分，還有沒滿足的部分，兩者並存：

……我隨便編幾個數字來說明吧，比如一般民眾也許滿足了八十五%的生理需求，安全需求滿足了七十%，對愛的需求滿足了五十%，對尊嚴的需求滿足了四十%，自我實現的需求滿足了十%。

沒有「登頂」這回事。我們都在努力滿足全部的需求，全都同時進行。與朋友消磨時間不只是對愛的需求，也有利於你的身體健康與自尊。烹煮晚餐不只是健康需求，也讓家成爲安全的空間，讓你與家人連繫感情。找新工作不光是安全需求，也給你健康保障，建立新的人際關係，協助你發揮潛力。

2.登頂美化外在目標

前面四種需求一清二楚。我們都知道需要飲食、安全、愛、尊嚴是什麼感受。

第五個自我實現的需求，則是跟幸福一樣模糊的概念，我們很容易受到世界觀影響，曲解自我實現的意思。「實現」（actualize）是詩人柯立芝（Samuel Taylor Coleridge）在一八一〇年發明的字眼，意指「使之成爲現實」或「化爲現實」。再加上「自我」就是指「實現你的潛力」。

從舊幸福的角度，什麼是自我實現？就是實現外在目標，比如名氣、權力、財富。但在馬斯洛的論文中，他說自我實現是遵從眞我的起心動念，採取眞摯的行動，正是你在第五章學過的做法。

自我實現不是關於身外之物。重點在於你是怎樣的人。

3.金字塔讓你脫離群體

金字塔裡只有你與你的個人需求。完全不談你與旁人的關係，也沒有你與周遭大環境的關係。

然而需求金字塔其實少了一種需求。

在一篇重要論文中，心理學家馬克．科爾特克—里維拉（Mark Koltko-Rivera）指出，馬斯洛在後來的著述中坦承自己犯了大錯：他忘了列出第六種需求，就是自我超越（self-transcendence）。

自我實現是圓滿的表達自己，自我超越則是超越一己的範疇，跟別人連結，去認同比自己更宏大的事物。爲別人效勞、從事可以助人的目標、在靈性經驗中，我們都可以自我超越。

最著名的人類需求理論模型，居然沒有提到我們超越自身利益的需求。怪不得我們認爲助人是「做得到是很好啦」但不做也無妨的選項。人類最崇高的成就、最遠大的志向，似乎是聚焦在個人的成功上。因爲這樣，我們認爲道德領袖、善心人士、助人者是全人類裡的「異類」。實際上，他們比我們更淸楚自己的眞正需求。

而我們歸納出來的結論是什麼？你的幸福要放在第一位。在你滿足自己的全部需求之前你都不必幫助任何人。就這樣，舊幸福的文化有了一種很普遍的想法，我稱之爲「等我有錢」策略：

「等我有錢又成功就會幫助別人。」

「我會在後半輩子幫助別人。」

「我要努力發大財，我覺得這很道德，因為我打算捐出一部分財富。」

但馬斯洛說得好，你永遠滿足不了自己的全部需求。

於是我們將人生用在攀爬各自的個人金字塔，因爲一張內容不精確、圖形也挑得不好的示意圖，錯失了近在眼前的幸福祕訣，如果你想要幸福，就不能忽略第六種需求。你得幫助別人。

我們天生就喜歡助人

超脫個人的範疇是一種需求，就像睡眠、飲食、愛、尊嚴也是需求。所以助人才會如此愉快，就像一夜好眠、在大熱天喝一大杯水、把事情做得可圈可點都會令我們愉快。

助人的欲望從我們小時候就出現了。在一項研究中，研究團隊追蹤一群嬰兒，從他們三個月大到十八個月大。一位研究員在一名嬰兒面前假裝受傷，哀叫說膝蓋眞的很痛。僅僅三個月大的嬰兒們對受傷的研究員會流露出關切的神情。等到十八個月大時，嬰兒們會積極協助受苦的人，不是爲了獎勵或害怕懲罰，而是由衷關心別人的福祉。嬰兒們會提供實際的安慰，去搬救兵，或是去拿自己心愛的東西給受苦的人（跟大人的做法差不多）。

大腦會在我們助人時獎勵我們。這種效應稱爲「助人的快感」（the helper's high），大腦會啓動你的中腦邊緣系統，就是回應食物或性愛的大腦部位。催產素、血管升壓素之類的神經傳導物質會釋出，讓你感覺良好並減少壓力荷爾蒙。捐款給慈善組織所引發的神經反應，跟收錢的時候一樣。

研究顯示，助人也跟滿足你的其他需求息息相關。長壽、抒壓、心理健康都與助人有關聯。爲群體的福祉及安全貢獻力量，可以促進你的個人成長、人生目標、人生滿意度，效果可長達十三年。在一段關係中，雙方越是互相幫助，往往也會越心滿意足。而且助人可以提升自我價值感及自信，是最有效的手段之一。

即使在最惡劣的時局下，我們照樣會互助。一項鎖定二次世界大戰集中營倖存者的調查發現，八十二％的受訪者曾在監禁期間幫助別人。維克多．弗蘭克（Viktor Frankl）在別創新格的《活出意義來》（*Man's Search for Meaning*）提過，他一直謹記超越自我的人生目的，才熬得過奧斯威辛集中營的驚駭。

當兩架飛機在二〇〇一年九月十一日撞上世貿中心雙子星大樓，成千上萬人拔腿狂奔，不是驚恐逃命，而是衝向雙子星大樓。許多急難救助體系裡的人倒下了，所以業餘的無線電操作員架設網路，以便協調救災事宜。船主們自動自發的出動拖船、快艇、渡船，前往下曼哈坦載運受困的民衆，將五十萬人送到安全地點。數以百計的人組成了水桶大隊，沒幾個星期就清除超過十萬噸的瓦礫。人們捐血、坐著陪伴哀痛的家庭、準備食物、分發物資。數以千計的孩童寫感謝函給消防員及其他的急難救助人員。由於在現場幫忙的人實在太多，事態比較穩定以後，政府單位爲了安排那些人打道回府，還費了不少工夫。

有些志工事後接受採訪，談論他們的經歷。他們全都說，當他們目睹了攻擊事件，就覺得一定要幫忙。一位年輕女性坐著陪伴喪失親人的人，她說：「這是我想做的事，不做不行。」另一位女性說伸出援手，消弭了她與別人的分離感：「某種孤立的狀態瓦解了，連結到更大的群體，而這個群體是因爲我們共同走過這個難關、投入志願工作才凝聚起來的。」一位運送物資的分析師說，那段日子的自告奮勇是他這輩子最有意義的時光之一，因爲那讓他覺得自己跟其他人緊密相依，還知道自己的行動很重要。

在逆境中向別人伸出援手對你也很有助益。一項研究找來憂鬱與焦慮的人，將他們分成三組，執行五週的計畫。研究員教導第一組如何挑戰腦子裡自動化的碎碎念，要求第二組每星期都安排社交活動，指示第三組每週挑出兩天，一天要行善三次。在五週及十週後，身心狀態改善最多的組別都是第三組。

作家芭芭拉．金索沃（Barbara Kingsolver）總結助人與幸福的關係說：「幸福的人跟不幸福的人之間，差別在於幸福的人找到了自己派得上用場的地方，他們就像好用的工具。」

這是幸福的祕訣。助人令我們快樂。我們生來就是要互助的。

助人既利己又利人

電視劇《六人行》（*Friends*）有一集是劇中的角色喬伊說根本沒有無私的善行。我們每次幫助別人都會得到好處，也就是心情變好，所以說到底助人是自私之舉。

他的朋友菲比聽了這憤世嫉俗的觀點，嚇了一跳。她想要證明喬伊錯了，就開始做各式各樣的善行。可是每一次，她都發現助人也是在助己。

她說起其中一次助人：「你曉得我家隔壁的老頭嗎？總之，我偷偷溜過去，把他家前門臺階的落葉掃乾淨。但是他撞見我了，硬是請我喝蘋果汁配餅乾。然後我心情好極了。那個笨老頭！」

討論助人的主題時，我們常把「自私」與「無私」掛在嘴上。但除非我們認爲自己跟別人是分離的，否則這兩個詞跟助人是不相干的。

在人人疏離的世界，樂善好施是零和的博弈。要是我給了你什麼，東西現在屬於你，我自己就沒有了。所以當我說幸福的祕訣是「助人」，大家常會戒備起來：他們覺得必須保護自己與自身的福祉。我們受到制約，相信要是我們付出了什麼，自己很快便會一無所有。有些事物或許是那樣沒錯，比如財物。但是大部分時候，我們付出的是自己。

在你我相連的世界上，你給予我的一切並不會離開你。當你讓我發笑，你心情會變好。當你幫忙朋友解決問題，你們的友誼會更深厚。當你爲一個理念發聲，你會覺得人生有意義。

當我們彼此相連，服務就不是無私或自私。善舉既幫了你，也幫了人。那在九一一事件趕到事發地點的志工呢？他們幫忙，是因爲這場悲劇讓他們看見大家的關係有多密切。在訪談中，他們談到了覺得不幫不行的心情，因爲他們知道助人對自己有益，同時對別人有益。

我們可以學習向日葵的榜樣。當一株向日葵獨自生長在土地上，它會盡力把根扎到最深，尋找那一片土地裡土壤最肥沃的區域。它努力找出對自身最有利的生存條件。但要是附近有另一株向日葵，兩株的根都不會扎那麼深。它們知道現在自己跟其他的向日葵屬於同一個生態系統，它們得彼此分享土壤資源。兩株向日葵可以一起欣欣向榮。

我們身爲人類，也共享一片土地。我們也可以分享土壤，不用以自身福祉爲代價，一起盛開。

服務不是受苦，而是喜悅。你可以一邊助人，一邊感覺良好。要是助人危害到你的身心健康，希望你要調整做法。服務時，也絕不能容許別人以任何形式苛待你。要是你受到傷害，便不是在服務世界。

服務不是拯救別人，而是盡一己之力。別人的情緒不用你負責。但因爲我們是共同體，我們都有責任照顧別人的福祉，就做我們能做的事，就在我們可以做的時候，就用我們能用的所有方式。

服務不是居於人下或人上，而是互相扶持。人人都需要援手。伸出援手的人沒有比接受幫助的人「更好」或「更差」。沒有「最可貴」的助人形式。你我緊密相依，大家都可以用自己特有的形式貢獻心力。

服務不能決定你的個人價值，而是你表達自我的一種手段，是選擇與世界分享你的能力，但你一直都有價值，本來就是。有時候，你可能會需要改變助人的方式，或是你需要接受的援助變得比以前多。這絕對正常，居住在你我彼此相連的世界上，這是日常生活的一部分。

你現在就可以幫上忙

亞力克斯生病大約六個月後，我創辦了新幸福，見證這些信念如何深入我們的文化。我們花了足足一個週末，絞盡腦汁想名字。似乎什麼名字都不對。最後，亞力克斯在星期天的深夜問我，我給論文取了什麼標題。我告訴他是《一個探討幸福的新視角》。他望著我說：「就是這個！這是新幸福。」

隨著亞力克斯的病情日漸沉重，新幸福的浪潮也日漸擴大。幾年下來，關愛我的人老是問我：「妳又要經營新幸福、又要上班，工作量不會太大嗎？」「妳真的不要拉回一點心思，去照顧自己跟自己的身體嗎？」他們真是一片好意，只是想幫忙。

但由於我對於幸福的了解，我的觀點跟他們完全不同。新幸福是我的生命線，給我滋養，給我人生意義，讓我連結別人。我付出越多，我個人得到的收穫越豐富。我確切知道，要不是有新幸福，我根本撐不過這些年的辛苦日子。萬幸我沒有等待自己的處境改善。假如我等了，現在一定還在等，那我便會錯失這麼大量的喜悅。

馬斯洛自己都說，你其餘的需求絕不會統統徹底滿足。假如你要等到滿足了再說，你會等上一輩子的。所以別等以後了，**現在**就幫忙。

新幸福與我們的社群合力擬訂「現在就幫忙」（Help Now）工具箱，列舉各種我們可以在小地方給彼此的協助。在此附上摘錄內容，看完清單，挑出一項，或是想出一件自己能做的事。然後放下這本書，實際去做。

喜愛的人：

- 打通電話給好一陣子沒聯絡的朋友。
- 給人寄信，說說你有多麼感恩他們的存在。
- 協助家人或室友做一件家事。

職場：

- 寫一封親切的電子郵件，讚美對方的工作表現。
- 用和善的態度讓某個人的一天從不愉快轉爲愉快。
- 多送一些食物給面臨逆境的同事。

群體：

- 打電話給曾經照顧你的店家或企業，向他們道謝。
- 敲敲鄰居家的門，關心鄰居。
- 聯絡你欣賞的人，讓他們知道自己帶給你的影響。

世界：

- 對陌生人微笑。
- 參與 change.org 上的連署活動。
- 倡導你重視的理念。

（你可以在我們的網站 thenewhappy.com/helpnow 找到完整的工具箱，也可以遞交你的建議。）

幸福永遠不必等，因為隨時都有你可以幫助的對象。

本章重點

◆馬斯洛那個著名的需求金字塔，根本不是他畫的。

◆那個需求金字塔變成了強化舊幸福的哏圖，阻礙我們看見幸福的祕訣——互助。

◆助人是我們的深層需求。不僅因為助人為樂，更因為那甚至能滿足我們的其他需求。

◆助人是終極的雙贏，雙方都更快樂。

◆要是你心情不好、情緒低落，抽出幾分鐘幫忙別人。

第八章 助人的弔詭之處

麥可．菲爾普斯（Michael Phelps）是史上奪得最多獎項的奧運選手，他名下有二十八面獎牌。要得到這種成績，他必須下很多苦工。

他從躍進冰冷的泳池揭開一天的序幕。一天訓練六、七小時，每週在泳池游超過七萬三千公尺。訓練絕不暫停，也不會減緩：他第一次比完奧運賽的第二天，便一跛一跛的回到泳池，爲下一屆奧運展開訓練——剩下一千四百一十二天。他連休養的時間都很痛苦，人要泡在冰水裡，一邊操作葛雷斯頓筋膜放鬆術（Graston technique），「基本上就是用一套金屬工具，刺激你爆發自己的生命力。」

然而他說，他這輩子做過最艱難的事情之一，是學會求助。

他不是特例。跟我談過話的人，沒有半個人覺得求助很容易。我們難以啓齒的原因，也是舊幸福的世界觀造成的：

- 我們有所不足的謊言說，你必須完美才有價值。然而完美之我不論做什麼都不會吃力。要是你力不從心，必然是你有問題。
- 成果的謊言說，外在成就會令你快樂。只要你「功成名就」，一切痛苦都會消失怠盡。
- 分離的謊言說，你不能依賴別人，解決你的問題是你一個人的責任。別人不能（或不願意）幫你。

舊幸福讓我們的困境更艱難。其實不必這樣。

苦苦掙扎時，你並沒有哪裡不足

菲爾普斯結束游泳生涯後，找到新的目標，推廣人們對心理健康的意識，協助大家建立心理健康。最近他接受採訪，回首從前的運動員歲月，說起完美之我給他的傷害。「以前我很討厭看到鏡子裡的那個人；我只會看到一個游泳選手。那時候，我根本沒把自己當人看。」

不是只有運動員很難求助。一項研究鎖定了照顧失智家人的照護者——這個族群的人是出了名的難以尋求援助。每次他們對自身的處境感到悲傷，或因爲失智的家人而感到挫敗，或犯錯，他們都覺得自己是「差勁」的照護者。他們持續拿自己跟完美之我做比較，以致一直內疚，不情願依靠別人。

假如你的世界觀說要是你讓別人幫你，你就是一個不合格的人，那在你左支右絀的時候，你該怎麼辦？你的自我價值，可是建立在你不需要援助的前提下啊。我們有多少人假裝自己很好，沉溺在不健康的行爲裡，或是遠離支援，不願開口說出我們的需求？

生而為人，在困境裡苦苦掙扎是很眞實、很正常的事，與其因此討厭自己，我們需要善待自己。最有效的方法之一是學習用疼惜的眼光看自己。

盡可能鮮活的想像一個在苦苦掙扎的人——也許是一個寂寞的人、錢不夠付房租的人、覺得被冷落的人、覺得自己不適任的人、心碎的人、生病的人。看著這個值得援助與憐愛的人，感受到你內心漸漸升起的溫情。你大概也同時會覺得自己的眼神變柔和了。

現在將那種眼神用在自己身上，你也是一個值得援助與憐愛的人。用這一雙疼惜的眼睛注視自己。你沒有要證明的事，沒有要改變的地方，也沒有要調整的做法。**在你最痛苦的時刻，你依然是有價值的人**。

你在第四章就曉得了，你隨時都可以觸及眞我，眞我一直都在，是愛與溫情的泉源。在我難受的時候，我常會做個深呼吸，說：「眞我現在要跟我說什麼？」或說：「現在我需要聽到什麼話？」這些簡單的句子蘊含強大的力量，能夠讓你連結自己的眞我。記住，傷害自己，不會帶給你更愉快的狀態；只有愛自己，你才會進入更愉快的狀態。

愛自己的其中一環，是知道自己值得援助。聽好了：如果你不接受別人的援助，你就不是眞的在過新幸福的人生。

如果你只付出，那不過是在換湯不換藥的守著舊幸福。你是在外面旁觀，沒有投入跟別人感情交流的潮來潮往。如果你認同幸福來自於助人，你也一定要認同身爲人類，你需要接受援助。

我們在施與受的情境下使用的詞令，突顯了舊幸福如何深度操控我們對求助的信念，比如「我不想造成你的負擔」、「現在跟我在一起會掃你的興」、「我怕我會害你太累」。

人類蘊含的愛、同情、支持都沒有限量。如果你要別人疼惜你，那可不是從他們有限的額度裡討愛。人不是油井，關懷不是不可再生的資源。你可以求助。你不是在剝他們的皮。

恰恰相反，請求協助是給人機會，讓別人在提供服務的時候快樂起來。

這就是我說的助人的弔詭之處，當你開口求助，你是在助人。**每當一個需求出現了，就有兩個快樂的機會，一個機會屬於有需求的那個人，另一個屬於滿足這個需求**

的人。

我們生來就是要互助的。那個「我們」包括你。海洋有潮來潮往；飛鳥有翅膀；人類有需求。需要幫手不可恥，那是我們天生自然的事。

很多人需要恢復求助的能力。我建議大家製作一份我所說的「訊號清單」。這些訊號都來自於你的身、心、靈，讓你知道自己需要別人的協助。把清單寫在你的記事本或手機，供你需要時查詢。

回想你以前的逆境，找出你的訊號。當時你體驗到什麼？

身體

根據醫師跟心理師的說法，我們承受壓力時最常見的身體訊號如下：

- 飲食習慣改變
- 難以入眠

- 嗜睡
- 總是疲憊、筋疲力竭
- 過度焦慮
- 這裡痠那裡痛
- 健忘

情緒

我學到最重要的道理之一來自馬歇爾．羅森堡（Marshall Rosenberg），他是一位心理學家，非暴力溝通的技巧就是他開發的。

羅森堡說情緒是一種資訊，讓我們知道自己的需求是否得到滿足。情緒不需要妖魔化，不用畏懼，也不是關於你人生的客觀事實。情緒是指出你現狀如何的資料。

你面臨難關的時候，會浮現什麼感覺？

- 憤怒
- 焦慮
- 恐懼
- 挫折
- 無助
- 傷痛
- 嫉妒
- 寂寞
- 悲傷
- 羞恥

出現這些情緒就要注意了，這是指出「我可能需要某些事物」的訊號。

行爲

如果你認不出內心的感受，也可以看看你的外在行爲。你的思緒和情緒會影響你的行爲，給你另一種辨識個人需求的管道。例如：我很愛在車上或家裡唱歌。可是我遇到難題的時候就不會唱。現在我知道這是我需要留意的訊號。

下列這幾個行爲，也可能是訊號：

- 不理會關心你的人
- 不去你平時喜歡的活動，不做你平時喜歡的事
- 咒罵自己的頻率上升
- 用負面的言語談論別人
- 過度關注媒體

你甚至可以把訊號清單當成檢查表。外科醫師葛文德（Atul Gawande）在《清單

革命：不犯錯的祕密武器》（*The Check-list Manifesto*）提過，他的團隊曾經跟散布在世界各地的八間醫院合作，讓臨床醫師用一份有十九個步驟的檢查表改善病患的醫療結果。很多醫生埋怨那是多此一舉。但檢查表的效果很驚人：手術後的死亡率下降四十七%。用眼前的清單提醒自己，一切可能就不一樣了。每一週都瀏覽你的訊號清單，問自己：「最近我有沒有注意到任何一個訊號？」進階的做法是跟你的室友或家人一起檢視你的清單。這會讓你們更容易幫上彼此的忙。

現在你知道**何時**需要求助了。下一步比較不容易——實際求助。我們可能說不出「請幫幫我」的話。

有時你可能不知道自己需要別人怎麼做。如果你已經焦頭爛額，要釐清自己的需求可能非常困難。記住，你不必是完美之我，求助不必完美。找人跟你談談，使用這樣的措詞：「我需要有人幫我，卻不曉得該讓人幫我做什麼事。你能不能問我幾個問題，跟我一起弄清楚？」讓別人陪你傷腦筋。你不用獨自承擔。

如果知道自己需要什麼，最好是清晰而直接的說出來：

- 對伴侶說：「如果我們家這個星期的晚飯都你煮的話，就是幫我忙了。」
- 對上司說：「這項工作我一個頭兩個大，需要你幫忙腦力激盪，找出前進的方向。」
- 對精神導師說：「你能不能抽出十分鐘，看一下我的履歷？」

別人**想要**幫忙。康乃爾大學（Cornell University）的心理學家凡妮莎．博恩斯（Vanessa Bohns）做過研究，讓參與研究的人向別人提出超過一萬四千個要求，同時猜測對方會不會答應。參與者嚴重低估別人願意幫忙的可能性，連不道德的要求也行，比如破壞一本圖書館的藏書。去吧，開口問問看，給別人一個快樂的機會。

苦苦掙扎表示你是人類

每個星期五下午，我都會打掃家裡。我會收拾紙張跟書本，清理浴室和廚房、撣掉灰塵、用吸塵器吸地。完工後，家裡就很賞心悅目、乾淨、井然有序。每一週，我都對自己說：「我要讓家裡永遠這麼整潔。」可是每一週我都遇到相同的問題。我住在家裡，從家裡收拾乾淨的那一刻起，又開始恢復髒亂。

身爲人類就是這樣，即使有滿坑滿谷的反證，我們認爲魔法時刻會降臨，我們會解決人生的一切困擾，從此無憂無慮。

舊幸福讓人以爲，只要我們成功到一個程度，痛苦就會消失。菲爾普斯在二〇二〇年的一場訪問裡，描述過這種心態。「你會有狀態好的日子，跟狀態差的日子。但永遠沒有終點線。在里約奧運之後，很多人採訪過我，寫出來的報導千篇一律，像是『麥可．菲爾普斯坦然面對憂鬱症，接受治療，在上一次奧運贏得金牌，現在他好多了。』但願那是眞的。眞要那麼簡單就好了。」

二十八面奧運獎牌不會給你快樂，也不會消除你的痛苦。

我曾經相信，幸福人生是指消滅一切痛苦之後的人生。現在我明白幸福人生是指你可以跟痛苦並存的人生。

人生有輝煌的時刻，一切都光明、閃亮、美好：你墜入愛河、實現夢想、展開新冒險的時刻。但這些只占了一小部分的人生，會飛快消退。

其他時候，你都要應付某些形式的混亂，從嚴峻的難關或創傷，一直到日常的難處都有，比如覺得工作很無趣、婚姻失和、應付惡劣的上司、解決健康問題。面對這些狀況，你能不能苦中作樂並在狀況解除後恢復喜悅，決定了你能不能幸福。

每個人都是如此，不管你有多成功。遇到力有未逮的情況，不是你或你的人生有問題。那只代表你是人類。

我們很容易忘記這一點，畢竟我們生存的世界隱匿痛苦，將痛苦視爲恥辱，或是當做你有所不足的證據。卽使受苦的滋味我們每個人都淸楚，我們仍然極少敞開心胸去討論痛苦。

我敢說你一定記得自己默默受苦卻假裝沒事的日子，你把痛苦深深藏在心底，掛上笑容，說道：「我很好，謝謝！」舊幸福的文化認爲維持外在的表相是優先要務，比我們內在的心理健康更重要，而這傷害了我們所有人。被埋藏的痛苦是無法撫平的，但受到正視的痛苦可以。

不論那痛苦是自己的或別人的，我們一律逃避，誤以爲這樣才會開心。然而我們該做的事恰恰相反，坦然面對痛苦，慈悲以待，承認痛苦是免不了的人之常情。心理學家克莉絲汀．納夫（Kristin Neff）開創了自我疼惜的研究，把這稱爲「我們的共同人性」。下次遇到困境，跟自己說：「現在覺得煎熬沒關係，這不代表我有毛病。我是人類，這是人之常情。」

也想想你要如何讓別人知道你的苦。

辛巴威精神科醫師狄克遜．奇班達（Dixon Chibanda）的事蹟，披露了跟人訴苦的威力。多年前，奇班達的一位病患自殺身亡。那位患者付不起巴士的車資，去不了三百二十公里外的醫院，到他的門診看病。奇班達不得不正視自己醫療工作的限制，他一直在思考自己該怎麼做才能幫助像她這樣的病人。

一天，他有了靈感，在每個地方都有一群適合扶持別人的完美人物——老奶奶們。他爲老奶奶們開設一個月的基本訓練課程，教導她們維護心理健康的技巧。培訓課程結束後，她們每個人都分配到一張當地的長椅，在長椅上跟人對談，溫情討論對方的困境。

這就是友誼長椅計畫（這是其中一位奶奶建議的名稱，認爲原訂的心理健康長椅的名稱太侮辱人）。數以千計的奶奶們領到長椅，僅僅是在二〇二二年，她們協助的人數就超過六萬。

關於這項計畫的幾項研究證明了，不只病患的心理健康得到有意義的改善，那些奶奶們也是。敞開心胸談論痛苦，對所有人都有益。

痛苦串聯你我

我知道你吃過一些人生的苦頭，像是你遭到排擠、心碎、哀慟；你感到羞辱、傷心、害怕。知道事實如此讓我愛你，即使我不認識你。

回想你經歷過的一段痛苦，你會怎麼跟別人描述那件事？

「我父親剛剛過世。」
「我的童年充滿創傷。」
「我的另一半跟我爭吵不休。」
「我很迷惘、很困惑。」

「我現在的帳單壓力真的很大。」

「我的孩子在受苦，不曉得我該怎麼幫忙才好。」

舉個我自己的例子。以前我都這樣描述自己的遭遇：「我是一個年輕的照護者，我的伴侶得了莫名其妙的退化性疾病，沒有半個醫生知道那是什麼病，全都束手無策。」

這樣的想法令我非常寂寞，認識的人都沒有類似的遭遇。就這樣，我對別人的痛苦視而不見，覺得我的痛苦與眾不同；我更加自我中心，對自己、對別人都沒有惻隱之情。

一天，我改用新的詞令描述痛苦：「我是一個被一場可怕的疾病拖累的人。」我立刻看出自己的生活圈裡有許多人經歷過同一種痛苦的各種版本——失智、癌症、心血管疾病。我跟別人的交集變大，現在我能夠心有戚戚的人增加了許多。

最後，我終於再一次把格局拉得更大：「我是一個承受過痛苦的人。」突然間，哇嗚！我串聯上了每個人。

敞開心胸，允許痛苦以各種形式凝聚你我，我們對自己跟別人的溫情就可以提升到另一個層次。憑著這一份溫情，我們有可能做到別的事。情感的連結讓痛苦變得可以忍受。要是我們在這個世界上孤立無援，沒人陪著一起度過痛苦，誰撐得下去？要是我們不替別人服務，讓痛苦有昇華的機會，誰受得了？

西班牙哲學家米格爾．德烏穆諾（Miguel de Unamuno）說：「人會死於寒冷，不會死於黑暗。」奪走我們生命的不是痛苦，是在痛苦中感到孤單。

菲爾普斯開始談論自己的心理健康，一個關鍵原因就是——要助人：

昨天有人告訴我，他的女兒陷入非常、非常深度的憂鬱，已經不想活了。她看到我坦承心理狀態的報導，他說那給了他女兒極大的幫助。對我來說，那遠遠比這輩子能不能拿金牌更重要。這說不定可以救人一命，被救回的人就有機會去成長、學習、助人。人生在世，沒有比這更棒的事。

千萬不要想著你必須獨自從萬丈深淵裡爬出來，還有我們其他人可以幫你。我們在這裡伸出援手，爲你指出新的方向、逗你笑、投送關懷物資、提醒你別忘了自己的天賦、握住你的手、尋找資源、傳簡訊確認你的狀況、祝賀你的進展。

我們一起分擔痛苦，發現原來自己不孤單。黑暗或許還在，但不再冰冷。

本章重點

- ◆誰都需要援手。向人求助是給人一個快樂的機會。
- ◆在困境中，練習用疼惜的眼光看自己。
- ◆列出你的訊號清單，認出那些可能表示你需要求助的訊號。這份清單不妨給你喜愛的人看一看。
- ◆人生不會有從痛苦中解脫的魔法時刻。我們需要學會用憐憫面對痛苦，認清痛苦是人生體驗之一。
- ◆我們可以改變對痛苦的觀點，從痛苦孤立我們，轉為痛苦讓你我心連心。檢視你遇到的挑戰，想想挑戰如何讓你連結別人。

第九章
喜悅的契機俯拾皆是，只要你懂得找

宮本茂是任天堂的知名設計師及遊戲總監，「瑪利歐兄弟」、「大金剛」、「薩爾達傳說」都是他開發的。在一場採訪中，記者問道，要是他可以重新設計這個世界，他會怎麼做。

他答道：「我希望自己可以讓大家更懂得替彼此著想、善待彼此。我希望我們做人做事都多一點點的慈悲。如果有辦法重新設計這個世界，那我想要締造的改變，就是遏阻自私。」

這是**我們**要開創的改變。

宮本茂說的是從舊幸福的「自我中心系統」，切換成新幸福的「生態系統」。這兩個詞（很細膩，不是嗎？）的定義來自心理學家珍妮佛・克羅克（Jennifer Crocker）與艾美・卡尼維洛（Amy Canevello）。

在自我中心系統，一個人的核心目標是塑造個人的形象，助長自我意識。他們追求自己的需求與欲望，不在乎是不是要利用別人、把別人踩在腳下，因爲他們認爲人生是一場他們必須贏的競賽。

反之，在生態系統中，大家明白自己屬於廣大的群體網絡，牽一髮動全身，關懷別人可以促進自己的幸福。

這個世界的設計不能交給宮本茂。我們是這個世界的設計師，有力量將世界打造成我們要的樣子。身爲設計師，我們有專用的畫布，也就是我們的人際關係。

你我交流的時刻

想像一下，這是一個尋常的日子。鬧鐘響了，你起床，拖著腳步到廚房，不一會兒，孩子們醒了，你讓他們吃完早餐，準備好上學，然後出門上班。

在公司，你跟工作團隊、客戶談公事。你收到簡訊，你的朋友們想在週六舉辦一場家庭烤肉，問你要不要來？午休時間到了，你去附近公園的餐車吃快餐。同事的配偶剛完成辛苦的化療，你關心一下狀況如何。午後，你去咖啡攤買你最愛的飲料。稍後，你打道回府，到你家那條路上的遊樂場跟伴侶會合，你的伴侶提前下班、把孩子們帶去那裡玩耍了。

到家以後，你用在市場買的菜做晚餐，之後是爺爺奶奶的視訊時間。孩子們就寢後，你收看新聞，得知幾百公里外的地方發生野火。你換了頻道，觀賞大家盛讚的電視劇。然後上床。又是一天結束了。

這是很平凡的一天，不是嗎？又一點都不平凡，是非常了不起的一天。

我們每個人每天從早到晚，都在跟身邊的對象互動。在這個平凡的日子，你接觸到以下全部對象：

- 家人
- 同事

- 客戶
- 朋友
- 生活圈
- 我們更大範圍的文化
- 大自然

我們認爲平凡的日常生活，其實就是投入一個生態系統，將自己奉獻給世界，別人也將自己奉獻給我們。

這些日常交流的時刻，是最適合展開新幸福生涯的地方。在那些時刻，你可以開創三種強大的轉變。

「我能幫什麼忙？」

一九九〇年代初期，演員奧塔薇亞．史賓賽（Octavia Spencer）搬到洛杉磯，準備在好萊塢闖盪。一天，她開車去試鏡，但車子拋錨了，就在繁忙的十字路口上。每個人都在按喇叭，吼著要她趕快把車挪走，不要擋路——那車是破銅爛鐵，沾滿鳥糞。但沒人幫她。

然後她聽到一輛機車轟隆隆的駛到她旁邊。一個男人下了機車，說道：「嘿，要幫忙嗎？」那是基努．李維。他讓她回到駕駛座，自己推著她的車離開路口。基努．李維看到助人的機會了，沒有放過。你也可以。這就是第一個轉變：「我能幫什麼忙？」

想想前文的平凡日子。你可以在幾個人際交流的時機，進行這項轉變：

- 對同事：同事說完配偶化療的事情後，你可以提議送他們一些自己做的菜。
- 對生活圈：朋友邀請你去烤肉，你可以答應，然後問一聲能不能邀請你的新鄰居一起去，他們初來乍到，還沒認識半個人。
- 對世界：聽到當地發生野火的消息，可以查詢募款資訊，捐一點小錢幫忙。

研究顯示，我們不願助人的原因之一是滿腦子想著自己。我們會彆彆扭扭認爲，「我的表現會不會很差？會不會講錯話？」或是擔心自己的付出沒有價值：「這眞的能幫上忙嗎？」結果這些擔憂很愚蠢，要是我們可以跨越恐懼，付出善意，對方會由衷感謝。

創立了社會學的艾彌爾．涂爾幹（Émile Durkheim）寫道：「利他主義不僅是社會生活的點綴，更是其基礎。」每一個關懷的舉動都是一個針腳，而這些針腳將我們縫合成一體。

「誰幫過我？」

我的朋友雅曼達跟我說過一件事，我至今難忘。

有一回，她急著去搭火車上班，一邊用電話處理緊急的公事。她停好車，從後車廂抓起包包，沿著漫長的火車月臺走。

她走到月臺的盡頭才意識到自己心不在焉，忘記關閉後車廂。她挫敗的嘆了口氣，往回走，目睹陌生人路過她的車。他們東張西望，看看車主是不是正要回來。他們沒看見人，順手關上後車廂就走了。要不是雅曼達想起自己的失誤，絕不會目睹那短暫的一刻，絕不會知道有人幫了她。

我們太容易把自己得到的協助，視爲理所當然。我就老是記不住這一點。所以第二項轉變才如此重要：「誰幫過我？」

在前文的平凡日子裡，你也從別人的協助受惠：

- 在公司：同事發來簡訊，稱讚你爲客戶做的簡報很優秀。
- 在咖啡車：咖啡師準備好你最愛的咖啡等你，因爲知道你總是在下午兩點半準時出現。
- 在家裡：你的伴侶提早下班，接回孩子、帶去公園玩耍，給你多一點時間做完公司的事情。

留意你如何從別人的協助受惠，你會湧出滿滿的感恩。研究證實，這是最能夠促進幸福、健康的因素之一，研究文獻裡記載，這可改善憂鬱、焦慮、血壓，以及生活品質。

有些研究員描述感恩是爲你抵擋壓力的緩衝物。但我認爲緩衝效果不是來自感恩，而是讓你有理由去感恩的那些人。你不再孤立無援，自己想辦法搞定一切。有人在你身邊，保護你、滋養你、協助你。你看見原來你不是只能靠自己。當我們不再跟人切割，就會有許許多多要感恩的事。

「別人在幫什麼忙？」

我們每天翻開報紙，看到有人在傷害別人的報導。久了，很多人就相信世道險惡，遍地是壞人。

這就是所謂的「原始」（primal）信念，是賓州大學的心理學家澤爾．克里夫頓（Jer Clifton）所創造的詞彙，是我們對世界觀問題「這個世界是糟糕還是美好？」的答案。

很多人認爲，我們最好相信世道險惡。他們說，這樣可以防範人生在世免不了會遇到的苦難，我們會更明智、更理性，有競爭優勢。相信這個世界很美好的人說好聽是天真，但更可能就是單純的愚蠢。

然而根據克里夫頓的研究，他們錯了。相信世道險惡並不會眞的促成你的好事，例如：事業成功、心滿意足、幸福快樂。在一項研究中，他詢問幾千人認爲這個世界是怎樣的地方，再審視這樣的世界觀如何影響他們的生活。相信世道險惡的人……

- 身心健康較差
- 更可能企圖自殺
- 更可能不滿意自己的工作（工作的表現略低於標準）
- 比較容易不開心

反之，相信世界很美好，則帶來成功、健康、幸福。

要是我察覺自己變得尖酸，我常會提醒自己安妮．法蘭克（Anne Frank）在逼仄的閣樓躲避納粹時寫下日記：「儘管如此，我仍然相信大家在內心深處是非常善良的。」

這就是第三項轉變。問自己：「別人在幫什麼忙？」在那個平凡的一天，你身邊一直都有人在互相幫助：

- 在家人之間：你的兩個孩子在公園玩耍時，老大教老二玩一個新遊戲。
- 在同事身邊：同事罹癌的配偶正在接受治療，訓練精良的醫護人員都在竭盡全力幫忙。
- 在世界上：對抗野火的消防員在幫忙保護民眾、動物、住家。

養成習慣，留意並分享你見證的好人好事，例如：發起募款活動的同事、仗義直言的朋友、在學校請你兒女吃餅乾的小朋友，同時也要告訴別人。累積這是一個美好世界、處處是好人的證據。

這個信念很重要。我們會模仿別人的行爲。如果你看到的世界滿是自私自利的人，這會如何改變你的行爲？你大概也會比照辦理，因爲明哲保身才最符合你的利益。但如果你看到別人很慷慨、很和善，你會想跟他們一樣。

然後你良善的行爲會感染別人。作家保羅・科爾賀（Paulo Coelho）寫道：「世界會隨著你以身作則的事情改變，而不是你的個人意見。」每一回你在這個世界上做了好事，你便是在爲別人提供證據——讓別人有理由繼續相信我們整體而言是良善的。要是你哪天對世界感到絕望，告訴自己：「我要成爲別人心裡的證據。」

看見別人在幫忙，你內心深處會有感覺，彷彿有一根心弦被撥動了，它發出認可的低鳴，看見**這正是**我們眞實的本色。

當我看到一篇報導，說日本有一群老人志願前往二〇一一年發生災變的福島核能電廠，認爲輻射的傷害應該由老人承受，我的心弦就被觸動了。當我看到亞力克斯的其中一位護理師艾倫，總是會準備好亞力克斯最喜愛的那個枕頭和毯子，在力所能及的範圍內讓亞力克斯舒服一點，我的心弦也被撥動了。

當我們的心弦被觸動，會促成好事。研究發現，只要目睹別人的善心行爲，你善待別人的可能性也會上升。你會受到刺激，湧現想要貢獻的欲望。如果你付諸行動，善行會遠揚，因為助人是有感染力的，會傳遍街頭巷尾。

每次你幫忙，你不是只做了一件好事。你會啓動連鎖反應，引發許多好事。你發出低鳴的心弦，會讓必須由一整個交響樂團演奏的盛大交響樂曲得以成形。

你可以開創的最大改變

借助「我能幫什麼忙？」「誰幫過我？」、「別人在幫什麼忙？」這三項日常轉變的力量，可以讓你跟別人更幸福，每一天都是。

還有一種更深層、更恢宏的幸福，是你有機會啓動的。啓動方式就是選擇改造你的生活，將助人融入你所做的每一件事情裡。

在一九八〇年代，冷戰的壓力與伊索比亞飢荒的災情，導致世界緊張不安。一群社會科學的學者想要查清楚自己能夠如何幫忙，比如史丹佛大學的心理學家威廉・戴蒙（William Damon）與安妮・柯比（Anne Colby）。

戴蒙和柯比想知道，要是研究小馬丁・路德・金、曼德拉、南丁格爾、索潔納・

楚斯（Sojourner Truth）[1]之類的道德楷模，會發現什麼？這些傑出人物的價值觀是與生俱來的嗎？是人生際遇把他們磨練成那個樣子的嗎？是什麼讓他們跟我們其他人不一樣？而最重要的是，如果讓其他人學習他們的人生路線，是不是能夠激發出道德的行爲呢？

爲了尋求答案，戴蒙和柯比決定展開一項研究，調查爲了助人而有不凡之擧的平凡人。他們擬訂一套很嚴格的篩選條件，挑出二十二人進行訪談。

乍看之下，這些人沒有共同點，有人是博士、有人高中沒畢業；有人是企業的高階主管、有人是非營利組織的職員；有人在宗教組織工作、有人在媒體上班。他們的年齡橫跨超過五十年，從三十五歲到八十六歲；有人出身富貴、有人家境貧困；他們的政治觀點不一，關心不同的理念。

然而戴蒙和柯比深入挖掘，發現這些不凡的人物有一些相同的重要特質。

1　美國早期的女權運動者、廢奴主義者。

他們都有一種堅定的明晰感，他們明辨是非對錯，認爲有責任按照這些信念做人做事。

他們也在日常生活裡感受到強烈的喜悅，對未來充滿樂觀。常常有很多人以爲，服務他人的人生不是沉悶乏味、沒有樂趣，就是充滿了他們想要抒解的苦難。結果研究發現，兩者皆非，服務增加他們懷抱的希望與快樂。

然而最重要的是，在他們看來，他們的個人目標與他們對世界的目標並不是分離的，兩者不衝突。兩者是同一回事，互相交融、互相強化，他們可以同時追求自己的幸福與世界的幸福。

這也是馬斯洛察覺他忘了第六種自我超越的需求之後，自己所領悟到的道理。他曾寫道：

根據經驗，事實就是那些自我實現的人、經驗最豐富的人，同時也最富有同情心，是最能夠改善社會、帶來革新的人，是最擅長打擊不公不義、不平等、奴役、殘暴、剝削的人（也是追求卓越、效率、競爭力的最強鬥士）。而且事實也越來越清楚，最佳的「幫手」是發展得最圓滿的人……想要成為更優秀的「幫手」，最好的辦法是成為更好的人。但要成為更好的人，不可或缺的條件是助人。所以兩件事一定要能夠一起做到。

又一次，「做自己」、「貢獻自己」這兩項幸福的要件出現了，只是現在這兩項要件要同時達成。

這是最後的大轉變，建立你可以一邊做自己、一邊貢獻自己的生活方式。辦法就是發揮你的天賦去爲世界服務。

瑪麗．奧利佛（Mary Oliver）在《建築工之歌》（*Song of the Builders*）一詩裡描述自己坐在山丘上，看著一隻蟋蟀慢慢分解有機物質。那是蟋蟀在生態系統裡的獨特角色，整個世界都要仰賴牠將養分帶回大地。奧利佛要我們謹記在心，我們都以自己「說不上來的方式」爲身邊的世界做出貢獻。

你，也有你要扮演的角色，要發揮你獨一無二的天賦——你所是、所知、所做的一切。在接下來的章節，你會發掘這些天賦，明白如何開始使用。

本章重點

◆開始把自己當成是這個世界的設計師。你的行動可以改變世界，從自我中心系統變成生態系統。

◆第一項轉變是：「我能幫什麼忙？」尋找貢獻力量的方式。

◆第二項轉變是：「誰幫過我？」留意你受到別人照顧的時刻。

◆第三項轉變是：「別人在幫什麼忙？」累積我們置身在美好世界的證據。

◆最後的轉變是運用你的天賦去服務世界，讓助人成為生活的一部分。這讓你在自我實現的時候，同時自我超越。

第四部

發掘你的天賦

你是怎樣的人？你能夠做什麼？你有什麼特殊洞見？
結合這三者活出的這個獨一無二的你，也是最自在又最強大的你！

第十章
爲什麼你很重要

「爸爸，講故事給我聽。」

這是每一位家長都很熟悉的話。但對理察．亞當斯（Richard Adams）來說，這句話改變了他的人生。

一天，他開車送兩個女兒上學，女兒提出了這項要求。他當場編出了兩隻兔子的故事，一隻叫榛果、一隻叫小五，牠們被迫踏上危險的旅程，去尋找棲身的新天地，一路上跟嚴峻的邪惡際遇對抗。兩個女兒很愛這個故事，央求他寫下來，總算把他煩到屈服了。

亞當斯沒有寫過故事——他當了一輩子的英國公務員。但他利用晚間寫了幾個月，完成書稿。他被退稿七次，一家小出版社才答應出版，只發行兩千本。

這就是《瓦特希普高原》（*Watership Down*），是史上最成功、最受喜愛的童書之一，獲得了卡內基獎（Andrew Carnegie Medal），這是聲譽最高的虛構作品獎項之一，賣出了千百萬本。有一段時間，甚至是企鵝出版社最暢銷的書籍。

理察．亞當斯，在五十二歲的時候，發現了自己的天賦。

三種天賦

羅馬天主教的僧侶多瑪斯．牟敦（Thomas Merton）寫過：「每個人都有要成爲某個人的使命，然而要實現這項使命，這人必須清楚知道，他只能做一個人，那個人就是他自己。」

如何發覺那些賦予你個人特質的**本色**？這些年來，很多人提供過他們對這個問題的答案。我運氣好，可以從許多人身上學習。我在正向心理學方面的學術背景，讓我在看待人類的時候，不是看我們的不足之處，而是看我們的強項。心理學家馬丁・賽里曼（Martin Seligman）和克里斯多夫・彼德森（Christopher Peterson）主張，我們的內在性格是良善的，而且是可以培養的，我們都有獨特的強項，可以轉變我們的身心狀態和生活。這個領域的另一位創立者米哈里・契克森米哈伊（Mihaly Csikszentmihalyi）投注了相當的學術生涯去研究人類的潛力、才能、專長。我立足在他們全部的研究成果上，大量鑽研不同的領域，包括哲學、宗教研究、人文科學，也訪談實踐新幸福的人，以調查他們共通的個人特質。

每個人都有三種天賦：人性、才能、智慧。三者的基礎都是新幸福的世界觀：

- 天賦發自你的眞我。
- 天賦的培養與外在表達都是透過你的行動。
- 天賦有益你的身心，同時促進世界的安好。

我們就用理察・亞當斯的實例，討論這三種天賦。

第一種天賦是你的人性——你是怎樣的人。

人性就是你如何跟別人分享眞我的內在良善。在亞當斯的例子裡，他透過《瓦特希普高原》向我們闡述重要的道理，訴說我們是怎樣的人，以及我們如何善待彼此與世界，這就是他表達人性的方式。

儘管亞當斯堅持這本書不是寓言或道德訓示，然而讀者們卻指出他寫進故事裡的主要課題，譴責了人們對待大自然與動物的方式、未經約束的權力的危險、政治如何影響生活。

而當然，亞當斯的天賦是因爲他疼愛女兒們才迸發的。要不是有她們在，他絕不會寫書。

第二種天賦是你的能力——就是你在做的事。

《瓦特希普高原》是駭人的故事，亞當斯的能力在於容忍駭人的事物，而且跟別人分享。他記得自己小時候看過的恐怖故事，怕得都哭了，卻忍不住要往下看。他的孩子們常常被他的床邊故事嚇得一夜不能成眠。

亞當斯是天生的說書人，常常給女兒們講故事。他將說故事的天賦轉變成寫作的專長，在《瓦特希普高原》之後直到人生終結，他出版了超過十五部作品。

第三種天賦是你的智慧——就是你所知的事。《瓦特希普高原》集結了亞當斯的各種見解，有的來自軍隊，來自他在家鄉漢普夏（Hampshire）的時光，還有他對野生動物的知識，交織出來的故事讓他的女兒（及無數的讀者）又害怕、又著迷。

他最深刻的智慧是兒童跟一般人所想的不同，他們可以承受嚇人的故事，能夠掌握更深邃、更有意義的訊息。他覺得太多作者與出版商小看了兒童，想跟兒童隱瞞這個世界的現實情況，不讓他們在故事裡接觸關於人生的必要知識。他明白藝術的作用是披露眞相，不論對象是誰。

體驗不斷累積的喜悅

要知道你是不是發掘了自己的天賦，有個簡單的辨法，那就是使用天賦的時候，你會感到愉悅。

你可以允許自己感到愉悅。這你清楚吧？一定要明白這一點，這非常重要。天賦應該會帶來喜悅。當你運用天賦，會覺得自己觸及了眞我；你會覺得自己活著、精力旺盛。天賦會向你低語：「這就是我該做的事。」

《巴黎評論》（*The Paris Review*）有一回採訪拿過諾貝爾獎與普立茲獎的作家童妮·摩里森（Toni Morrison），她說起自己的政治熱忱。採訪者問她，爲什麼不走進政壇，卻投入寫作。她答道：「要是做政治人物的話，我就不能時常亮相了。我會喪失興趣。我沒有從政的資源，沒那種天賦。有的人可以組織別人，我不行。我會覺得無趣。」

事實上，摩里森花了一段時間才明白，寫作是她眞正的天賦：「我一向覺得自己大概眞的很會寫東西，因爲別人那樣說，但他們的衡量標準不見得跟我一樣。我對別人的說法不感興趣。」其他人無法告訴你，你有什麼天賦。你會從自己的感受，知道一件事是不是你的天賦。

當你結合一個個的天賦，做到完全不可取代的事，發現天賦的喜悅將會擴大。想想理察·亞當斯吧。世界上有其他的作者，有其他的父親會講恐怖故事，有其他人住在漢普夏，有其他人上過戰場，但那些其他人不具備令他寫出《瓦特希普高原》的獨家天賦。

天賦無法比較，因爲天賦不能獨立使用。天賦之所以舉世無雙，是因爲我們將一個個的天賦共冶一爐的方式獨一無二，就像用五彩線所織成的掛毯。

在舊幸福的文化中，我們根據與別人做比較的結果，判斷自己成功與否、評量自己的個人價值。但別人的天賦組合不會跟你一樣，你的人性、才能、智慧有獨家的混搭方式。你絕無僅有，身邊每個人也都是絕無僅有的。

最後，當你以無可比擬的個人天賦造福別人，你的喜悅還會進一步擴展。

你所做、所知、所是的一切事物都有一個用途——送人。不然我們如何得到這些人性、這些才能、這些智慧？作家安妮·狄勒德（Annie Dillard）寫道：「你會失去一切你沒有自由大放送的事物。你打開保險櫃，會看到灰燼。」

我們已經看過了，**單純爲了外在目標去運用天賦，也是行不通的。天賦是上天的禮物，所以得送給別人才行**。

接下來三章，我們會深入解釋每一種天賦，包括可以協助你發掘天賦、予以應用的策略與技巧。我製作了互動式的練習簿來幫忙，供你在閱讀這些章節時使用，請移駕 thenewhappy.com/resources。

如何頌揚別人的天賦

要發掘你的天賦有一個令人意外的方法，就是開始留意別人的天賦。看見別人運用天賦，會讓你更熟悉什麼是天賦，要找出自己的天賦也會比較容易。

要做到這一點，我們要從傳奇的雕刻家米開朗基羅找線索，據說他認爲自己的工作是從面前未經雕琢的大理石塊，釋放藏在裡面的那個人。

米開朗基羅說，那個在大理石裡的人已經完全成形，有他們自己的眞實容貌，只是無法衝破困住他們的障礙物。身爲雕刻家，他有一項任務，移除令他們不自由的障礙。如今科學家將這稱爲「米開朗基羅現象」，原來互相扶持的關係，蘊含讓你越來越可以做自己的力量。

我們不必用鐵槌跟鑿子，也能協助心愛的人找到天賦。我們要做的做他人的鏡子，亞里斯多德是第一個提議這一招的人。

我的朋友蔻莉的工作，是爲她的公司招攬新員工。她的天賦包括協助別人、教學、點燃別人的熱忱。我注意到她在職場之外的地方使用這些天賦，就列舉出來：

- 她每年都參與慈善機構的募款挑戰，專門挑會影響她關愛的人的公益項目，號召朋友們一起來。
- 決定冷凍卵子以後，她在社群媒體上記錄過程，讓別人從她的經驗受益。
- 她成立了一個讀書會，每週都幫忙。

蔻莉很驚訝。她不知道這都是她的天賦，更不知道她使用天賦的頻率有多高。她對自己有了新的認識以後，就可以決定要如何更常發揮她的天賦，例如：她最近開始每個月爲失業的人舉辦免費的輔導課程。

別人擅長什麼？當你注意到了，就用具體的讚美告訴他們吧。

人性

- 「你眞了不起，餐廳都忙成那樣了，還可以保持鎭定。」
- 「我很感激你總是會關心我，問問我心情如何。」
- 「你聆聽顧客的需求、解決退貨的問題，我想要跟你一樣。」

才能

- 「很感謝你準時完成工作，沒有超出預算。謝謝你的仔細規劃。」
- 「我還想看你寫的作品，還有其他可以拜讀嗎？」
- 「我好喜歡你站在臺上的樣子。你說故事的時候很耀眼。」

智慧

- 「我以前都沒有從這個角度思考過這件事。」
- 「謝謝你指出那個問題。你的專業知識眞的很有用。」
- 「本來我眞的不曉得下一步要怎麼做，聽到你以前如何解決類似的問題，幫了我很大的忙。」

要是沒人幫忙辨識天賦、給予滋養與鼓舞，誰的天賦都無法浮現、得到開發。如果你是孤身一人，沒有親友、師長、同儕、合作對象、榜樣、讓你想要見賢思齊的人，你要如何發掘天賦、實際應用？

拿下奧斯卡金像獎、備受喜愛的電影《黑豹》是萊恩．庫格勒（Ryan Coogler）編劇及執導的作品，而他會開始寫作是因爲一位大學教授擔任他的明鏡。庫格勒是大學足球隊的球員，由於課程規定，必須修創意寫作課。一回上課，教授請學生們書寫一段情緒最強烈的人生經驗。幾天後，教授請庫格勒到她的辦公室。庫格勒以爲自己麻煩大了，但其實教授是要告訴他，他那篇作業寫得很棒，描繪出來的畫面更是搶眼。她鼓勵庫格勒嘗試劇本創作。那一句讚美的話語，推動庫格勒開啓創作事業，爲世界發揮無比良善的影響力。

回顧我的人生，我覺得一切都多虧了我的明鏡們，例如：我的二年級老師瑪麗．布羅區（Mary Bloch），她看了我的第一本「書」，鼓勵我繼續寫作；我的高中美術老師瑪歌．哈吉（Marg Hagey），她讓我在畫室打發時間、畫抽象畫；還有我的父母，他們鼓勵我熱情探索關於人生的大哉問，盡力協助我做研究。沒有這些人，我不會寫出這些文字。他們是協助我看見自己的明鏡。

天賦的影響層面

戴倫．歐布萊恩（Darren O'Brien）是英國一個火車站的主管，在東南鐵路公司（Southeastern Railways）服務。一天晚上，他收看第四頻道（Channel 4）的紀錄片，得知女性逃離暴力伴侶的眞人眞事。在螢幕上，他看到一位女性想要帶著兒女去安全的地點，卻因爲火車的票價而無法動身。要逃離暴力伴侶極爲困難，部分是因爲施暴者掌控受害者的財力。

歐布萊恩告訴我，紀錄片結束後，他轉頭對妻子說：「我要想想辦法。」隔天上班，他去見了上司，提出一個解決方案，要是東南鐵路公司能爲想要逃離家暴的人，開放一個安全而不會被追查到的管道，贈送免費車票呢？

在歐布萊恩費了許多工夫之後，東南鐵路公司批准了這項企劃，推出火車庇護專案（Rails to Refuge）。凡是要逃離暴力伴侶的人，都可以索取無法追蹤去向的免費車票，車票會發送到他們手機裡。

在疫情期間，英國的家暴熱線接到的電話數量增加六十％。東南鐵路公司說服英國的同業共襄盛舉，讓使用火車庇護專案的人可以搭火車到英國的任何地點。歐布萊恩告訴我，現在他在努力讓渡輪加入專案，讓偏遠島嶼的居民也可以抵達安全的地點。他最大的夢想是讓全世界的公共運輸系統都建立類似的專案。

歐布萊恩有人性，他想要幫助受苦的人。他有智慧，他明白鐵路讓倖存者的逃難之路比較好走。他還有才能，他向東南鐵路公司提出火車庇護專案，讓專案成眞。他集結自己全部的天賦，開創只有他能提供的協助。

但他的天賦不是孤立的；要是夏洛特沒有鼓起勇氣，在他收看的紀錄片亮相，歐布萊恩的天賦絕不會被點燃。夏洛特本人是家暴倖存者，在她逃離後，她發揮天賦，協助其他受困在類似情境裡的人，終至成爲一間庇護所的執行長。

夏洛特及許多勇敢的倖存者粉墨登場的那支紀錄片，是一群影片製作人的作品，他們發揮天賦，以震撼人心的手段訴說那些人的故事，打動了歐布萊恩（而影片是在電視頻道播放，電視頻道需要數不清的人發揮天賦，才能維持運作、經營下去，依此類推……）。

火車庇護專案如今已挽救超過三千人，每天持續將四個人送往安全地點。當夏洛特在三十年前逃離施暴者，勇敢的療癒家暴的陰影，艱難的撫平傷痛，她想像得到有一天，她一個人的英勇行爲可以引發漣漪效應，影響到隨後幾代的人嗎？

這就是天賦的運作方式。天賦會擷取你內心的力量，向外擴展，輸送力量給它觸及的每個人，這些力量就會在別人的內心點燃相同的衝動。歐布萊恩告訴我：「我想我們有責任盡一己之力對別人好，然後別人可能也會以自己的方式對其他人好。忽然間，我們就發現大家凝聚起來、在一起改變世界。」

當我們使用天賦，大家會慢慢連結起來，每用一次，天賦都會增加一條新的連線。我們不知道這連線以後會通往何方、連結到誰、誰會動用這條連線。

偶爾，我們會見證這條連線的片段，讓我們記起什麼才是最重要的事物。歐布萊恩告訴我，他這輩子最感動的其中一刻，是與一群火車庇護專案的家暴倖存者見面，其中一位女性還是在孕期逃離的。

有時你的任務是成爲這條連線的隱形環節，你會在不知不覺間，讓人連結到他們需要連結的人。那一群第四頻道的紀錄片製片人、播報員、技術人員、製作人可能根本不知道自己的日常工作，直接促成了三千人重拾人身安全。他們理所當然視爲平凡日子的一天，實際上是英勇救人的一天。

也有時候，拉扯那條連線的人是你，於是有人在你最需要的一刻拉了你一把。

每次你運用天賦都是眞摯的行動，你認知到自己是那條連線的一環，知道自己確實很重要，而你的所作所爲都在積沙成塔。我們每個人都盡一己之力，相信大家齊心協力，就可以一起開創美好的局面，一個我們都更能夠彼此照顧的世界。

本章重點

◆ 每個人都有天賦，分為三種：人性、才能、智慧。

◆ 天賦會讓人開心，無可比較，而且嘉惠別人。

◆ 協助別人找到天賦，充當他們的明鏡，指出他們擅長的事。

◆ 使用你的天賦，讓你以另一種方式跟人連結。

第十一章
人性：一切行動的基礎

二〇一三年，日本電視主持人小國士朗在他採訪的餐廳吃午餐，送來的餐點卻跟他點的不一樣。他點了漢堡，但送來的是煎餃。然而他不是在一般的館子吃飯，那是失智照護中心，而且是非典型的照護中心，他們讓病患們烹飪，負責清潔工作，甚至讓他們一起經營餐館。

小國士朗看了看煎餃，明白他們送錯餐沒什麼大不了。犯錯是難免。不得了的是這些經常被社會遺棄的人，被當做人來看待。「稱呼一個人『失智的某某先生』，跟稱呼他『得了失智症的某某先生』，完全不同。」小國士朗說道。「人就是人。他們不會改變自己的稱呼，那是社會改的。要是我們培養包容心，幾乎任何問題都可以迎刃而解。」

他決定盡一己之力，協助改變社會對待失智人士的方式。幾年後，他創立了「會上錯菜的餐廳」。他是這樣說的：「來這間餐廳不是爲了看他們會不會上錯菜。重點在於跟得了失智症的人互動。」小國士朗調查了離場的客人：三十七％的餐點送錯了，但九十九％的客人用餐愉快。

這間餐廳非常成功，開始讓人討論起社會可以如何改變做法，給罹患失智症的人更多支援。它甚至贏得了世界最崇高的創意獎項之一，坎城國際創意獎（Cannes Lion）。最重要的是，餐館員工的身心健康改善了很多，在他們爲客人服務的時候，常常可以看到他們洋溢著喜悅。小國士朗是對的，人情交流很重要。一項最近的研究發現，失智症患者每週只要跟人互動一小時，生活品質就會大幅提升。

我們完全誤解了愛

從小國士朗的事蹟，可以看見第一種發揮作用的天賦——人性。

想要得到幸福，唯一一種需要動用的天賦就是人性天賦。人性是我們建立才能與智慧的基礎，這一點可以在小國士朗的故事裡看出來。他同時動用了人性天賦（對失智患者生出同情心）、智慧天賦（我們可以開創一個允許失智患者犯錯的空間）、才能天賦（開創可以引發對話的體驗）。

在第四章，你認識了自己的眞我，知道眞我具備良善、仁慈的天性。你的人性天賦，就是你表達眞我之愛的方式。

我們的文化將愛塑造成一種只限於浪漫關係的感情，是激烈又火熱的雲霄飛車，接著畫面一黑，出現一行字幕「他們從此過著幸福快樂的日子」。但根據北卡羅來納大學教堂山分校（University of North Carolina at Chapel Hill）的芭芭拉．佛雷德克森（Barbara Fredrickson）主持的最新研究，愛可不是那樣，愛是一種情感，在兩人之間流通，以致出現想要爲彼此的幸福付出的欲望。你可以跟任何對象出現這種情感，不是只有你的伴侶或兒女，也可以是朋友、同事，甚至是陌生人。

與別人分享你的愛，其實是對你的健康最有益的行動之一。想像某種藥品吃了之後能瞬間改善你的健康，血壓會降低、心臟會更健康、壓力會緩解、憂鬱程度會變輕。這種藥可以強化你的感情關係，增進你的韌性，讓你覺得人生更有意義，對你的心理健康也很好。除了這些了不起的益處，這種藥還不必花你半毛錢，沒有傷身的副作用。誰都會求醫生開這種藥。

這種藥物確實存在，藥名就是「愛」。

每個人都有一種將大腦連結到心臟的神經，稱爲迷走神經。我們身體裡的迷走神經協助我們感受愛。研究員可以測量迷走神經的「強韌度」，測量標準稱爲迷走神經張力。你可以把迷走神經張力想成是愛的指標，顯示你在當下覺得自己被愛或愛人的程度。

當你跟別人共享關愛的時候，就會活化你的迷走神經，像是跟你的孩子們一起爲了某件蠢事哈哈大笑、協助同事處理一件工作、跟朋友聊聊你的這一天、跟超商收銀員開心的交談。你們會開始互相模仿，出現類似的笑容跟動作。你的自主神經系統跟神經元開始放電，調整成跟另一個人的一致。你會生出想要爲對方做點什麼、讓對方開心的欲望。那是愛——眞正的愛。

當你出現想要寵愛一個人的感覺，然後貫徹那份心意，做了幫助另一個人的事，你就是在揮灑你的人性天賦。

人性天賦有許多不同的形式，例如：善意、同情、勇氣、原諒、耐心、鼓勵、安慰、興趣、欣賞、培力、歡慶、嬉笑、同理心、溫柔、關懷、陪伴、包容、好奇、親密、接納、慷慨、坦率、理解、愉悅。這些行動全部屬於人性天賦的範疇。

你可能會想：「這些是我的人性天賦？這不就只是正常的人類行為？」

沒錯，我們天生就是要愛人。從老祖宗開始，我們就演化出緊密相依的生命形態。人類的發育期是世界上所有動物中最長的，要是跟別人沒有長久的關愛關係，我們無法活命。這在一項邪惡的實驗裡得到證實。十三世紀時，皇帝腓特烈二世想知道「人類與生俱來的語言」是什麼。他下令讓一群孩童在與世隔絕的環境裡成長，禁止他們聽到任何一句言語。嬰兒們得到了身體方面的照顧，但從來沒有人跟他們說話、沒有人跟他們玩耍、沒有人寵愛。皇帝還沒來得及發現人類與生俱來的語言，嬰兒就全數死亡了。我們的人性天賦一直沒有受到社會的重視，儘管要是沒有人性天賦，根本不會有社會。我們因此枯竭。我們錯過了培養自身人性的機會，沒把人性天賦發展到極致。

有的人天生就有人性天賦方面的天分。有的人需要一點協助。

第一步是在心裡生出愛

想像一下，在黑天暗地中，你凝視在漫長巷子盡頭的房子，那房子的窗簾都拉上了。突然，屋裡有人拉開了全部窗簾，燈光從窗戶傾瀉而出。這就是發掘人性天賦的畫面。燈光一直都在；你只需要拉開窗簾，讓光透出來。

那就是你內在的仁慈天性，是你隨時都可以取用的天性。拉開窗簾的最佳方式之一，是一種稱爲慈心禪的修練。

這是佛教的冥想，目的是培養一個更慈悲的自己。冥想方式是讓自己生出慈愛的情感，同時在嘴上或在腦海誦念真言：「願你安全有保障。願你快樂安祥。願你健康強壯。願你生活自在。」首先，將這些祝福送給自己，接著送給喜愛的人，再來是你沒什麼感覺的人，最後送給你厭惡的人。結束時，送給世界上的一切衆生。

在一項隨機對照試驗中，研究員教導一群人做這個冥想。參與者必須每天冥想大約十分鐘，連續九週。結果他們不但提升了關愛別人的能力，自己也更快樂。

你可以用傳統方式冥想，但我有一個特別的祕訣，可以輕易將冥想融入日常生活。每當你在街道上、在商店、在公司路過別人，看他們一眼，在心裡說「祝你今天快樂」或「你值得愛與幸福」。天天創造這些小小的愛心時刻。

等你內心浮現了關愛的情感，付諸行動的時候就到了。記住，要有行動才算是天賦，愛始於你的內心，但必須分享到你的外在。

帶著愛走出下一步

肯亞的長跑運動員阿貝．穆太（Abel Mutai）參加三千公尺的賽跑，勝利在望。他快到終點了，西班牙跑者伊凡．費南德茲．安納亞（Iván Fernández Anaya）遠遠跟在他後面，是第二名。忽然，穆太停下來，距離終點還有十公尺。他犯下嚴重的失誤——以為自己已經跨越終點線。

費南德茲．安納亞大可利用穆太的失誤來奪冠。但他追上穆太以後卻放慢腳步，要穆太在前面帶他奔向終點，全程都跟在穆太後方。

超到穆太前面可以給他榮耀。但在那一刻，費南德茲．安納亞清楚看到我們不能爲了要贏就不擇手段。在那一刻，應該爲另一位人類做正確的事。

當你慢下來，身體動作跟心理活動都暫時緩一緩，便會開始看見，付出愛心的機會俯拾皆是。只要一個簡單的暫停，一切就不一樣了。在你處理日常事務時，暫停片刻，問自己：「如果現在要使用我的人性天賦，我會怎麼做？」

一九七○年代，有一項著名的研究，主持人是普林斯頓大學的C．丹尼爾．巴森（C. Daniel Batson）和約翰．達利（John Darley）。這兩位社會心理學家召集一群神學院的學生，要學生們準備講《聖經》裡那一位好心的撒馬利亞人的故事，描述他如何幫助一位痛苦倒臥在路邊的人。他們將神學院的學生帶到一棟建築，進行簡單的評量。他們告訴學生，他們要穿越校園，到另一棟大樓講那個撒馬利亞人的寓言。他們跟一半的學生說，他們遲到了，必須趕路；跟另一半的學生說，時間充裕，但他們該出發了。

兩位研究員沒告訴學生，他們派了一位研究員躺在兩棟大樓之間的路上，蜷著身體在呻吟，明顯就是不舒服的樣子，直接模仿好心的撒馬利亞人寓言的情節。

只有四十%的學生試圖幫忙那個落難的人。學生們越急著趕路，就越不可能停下來伸出援手。被告知已經遲到了的那一群學生，只有十%停下來。

這些人不是壞心腸，也不是冷漠；他們趕到第二個地點時，研究員看到他們一副局促不安的樣子。我們可能在匆匆忙忙中，忽略了真心關懷別人的機會，或是認為那種事可以晚點再說。有時候，這個世界的運作機制，似乎存心讓我們遠離愛。

我們不能只是認了，覺得世界本來就是那樣，否則就是認同了這本來就是一個不快樂的世界。有時候你已經來不及了，或是在步履輕快的前進時，發現旁邊有人需要援助。在那些時刻拉回你的心思，追求以下的目標：「我會盡力不趕時間，因爲趕來趕去的話，我會錯失近在眼前的愛心時刻。」

記住，**沒有什麼豐功偉業在等我們**。**急急忙忙的是想去哪呢？這是我們的人生，就在此時此地**。這個需要援助的人就在我們面前，這是我們發揮人性天賦、得到快樂的機會。

很多年前，我跟一位朋友說過上一段的內容，於是他告訴我，他爸爸以前掛在嘴上的話。他父親會勸告他：「亞當，別忘了抬頭。」

暫停一下，從你的手機、電腦、工作、壓力、任務、努力的目標移開目光，抬頭看一看。你眼前就有你可以去愛的人。

匿名戒酒會有一句話：「走正確的下一步。」對於在努力戒酒的酗酒者來說，可能無法想像從此一滴酒都不能沾的漫長人生。但是將一個長期的目標砍成短期（縮短到下個鐘頭或隔天），要實現目標就會容易許多。走出正確的下一步就好，不喝酒，今天就好。

同理，想到後半輩子都要做一個有愛心的人，可能會令人壓力沉重。但專注在帶著愛走出下一步，那就簡單多了。我們越常這樣做，充滿愛心的本質就會越強大，像肌肉一樣在行動中得到鍛鍊。

我們所有人都一直受到別人照顧，因爲一直有人選擇在下一步採取愛的行動。以下是我們社群裡的幾個例子：

- 善意：「在我憂鬱症發作的時候，朋友烤了我最愛吃的餅乾，放在我家大門外面，還附上卡片。」

- 同情：「在我哭訴家裡的難題時，我的伴侶聽我說話、支持我。」
- 諒解：「我工作出了大紕漏。上司很好心，幫忙我解決。」
- 慷慨：「我無家可歸的時候，朋友給了我落腳的地方。」
- 勇氣：「想到要看病我就很害怕，朋友陪我走路過去，在候診室一直握著我的手。」

「執行愛的下一步」也提醒我們暫停一下，判斷在那一刻需要付出怎樣的愛。你可以取用的人性天賦有很多種，哪一種對你眼前的人最有幫助？

我做研究時，訪談過一位名叫茱麗雅的女性，聽她說起了罹患嚴重產後憂鬱症的經驗。她連續幾天沒有闔眼，澈底絕望，一直在努力打壓自殺的念頭。她母親會去幫忙打掃，但茱麗雅不在乎家裡乾不乾淨。她只希望有人幫忙照顧小孩，讓她睡一覺。

後來，一個朋友來了。她問了幾個謹慎的問題，聆聽，接著告訴茱麗雅：「妳在沙發上躺好，閉上眼睛，我會拿毛巾蓋住妳的眼睛，然後妳就睡覺。我會坐在旁邊，握住妳的腳。如果寶寶們需要妳，我會捏捏妳的腳。妳休息吧，一切有我在。」茱麗雅接受了朋友的建議，在幾天沒闔眼之後第一次入眠。

茱麗雅的朋友發揮了人性天賦，讓那一刻成為可能。她花時間慢下來，判斷問題出在哪裡，進而採取下一項適當的愛心行動。

如何保持向愛敞開心胸

蘿西．托雷（Rosie Torres）累壞了。二〇〇八年，她的丈夫李羅伊（Le Roy）跟著軍隊去伊拉克，重病返家。他們基地將部隊的垃圾及人類排泄物都集中收到一片十英畝的空地，扔在淺坑裡，淋上油，點火焚化，毒煙飄散到基地及周邊地區，導致李羅伊病倒。就診超過四百次以後，醫生診斷李羅伊染上了令人衰弱的閉塞性細支氣管炎與腦部損傷。美國退伍軍人事務部駁回他的醫療補助金申請，他失去工作，還陷入嚴重的憂鬱症。

多年來，蘿西和李羅伊致力於讓大家了解，許多退伍軍人因為垃圾焚化坑生病，希望大家幫助這些退伍軍人。他們創辦「焚化坑三六〇」組織，凝聚衆人，讓大家可以扶持彼此度過難關。他們前往華府請願，希望政府裡有人幫幫忙，任何忙都行，只要可以緩解他們的困境。

後來有一天，蘿西看到喜劇演員喬恩．史都華（Jon Stewart）在呼籲爲九一一事件的緊急救難人員提供醫療照護，他們很多人因爲毒煙，承受了跟焚化坑受害者類似的病痛。她聯絡了喬恩．史都華詢問能不能幫幫他們？不到五秒，他就答應了。

四年後，國會通過《兌現解決複雜毒物承諾法案》（Honoring Our PACT Act），爲因爲軍事焚化坑及其他毒物而生病的人，提供醫療補助。

在國會山莊的階梯上，史都華歡慶勝利，稱讚了讓他共襄盛舉的人：「蘿西是我做這件事的原因，她跟李羅伊都是。」他轉向李羅伊，說道：「兄弟啊……四年前我在辦公室跟李羅伊談過話，我向他許下承諾。我說：『我絕不會放手讓你走的，兄弟。』我還說：『我們會搞定這件事情。』結果呢？我們眞的做到了。我愛你，李羅伊。」

發揮人性天賦的其中一環，是保持開放，允許別人的需求觸動你的心弦。史都華敞開心胸，跟蘿西有了交集，才能夠當場說：「好，我來幫忙。」或許你以前也有類似的經驗，你看到別人在困境中掙扎，忽然覺得他們是你的一部分，而你得幫他們的忙。這是一種稱為「卡瑪穆塔」的情感，就是梵語的「被愛感動」。人類學家艾倫．佩吉．菲斯克（Alan Page Fiske）稱之為「突如其來的眞情」。許多爆紅的正向影片都引發了那種眞情，比如返鄉的軍人跟家人團圓、各個群體之間的大團結、慷慨之舉。

這小小的眞情可是威力強大，因爲會讓你記起自己跟別人沒兩樣，立刻跟人出現交集。一項研究請參與者觀賞一支暖心的影片，他們在影片裡看到非我族類的故事。觀賞那支影片讓「非我族類」有血有肉起來，於是參與者的同情心便有機會被觸發。心弦被觸動，能幫助我們對抗不公不義，消弭世界上的苦難。

身爲人類，我們不可能時時刻刻都處於有愛心的狀態。你有多常扔掉愛心都沒關係，要緊的是你有多常把愛心撿回來。

你可以用以下的技巧重拾愛心，我稱爲「拉開窗簾」。回想那間房子的畫面，在黑夜中，屋裡燈火通明。當你脫離慈愛的狀態，就表示窗簾合攏了。深呼吸，想像窗簾拉開了。允許自己重新感受到愛，允許自己去執行下一個適當的愛心行動。

爲什麼人性天賦可以改變世界

或許你認爲自己的人性天賦微不足道，在我們廣大的世界裡，每天都有幾千億件事情在發生呢。然而人性天賦，卻是開創良善的巨大力量。

研究和平的學者們已經找到好幾項締造和諧社會的重要條件，其中不少條件是我們比較難撼動的，比如政府、公共衛生、平權、經濟政策。

但他們也發現一件出乎意料的事，一件我們全權掌控的事。祥和社會裡的成員頻繁對人付出關愛，他們有很多傳遞關愛的小小時刻。那些人使用人性天賦的頻率高得多了。首席研究員彼得・T・科曼（Peter T. Coleman）、道格拉斯・佛萊（Douglas Fry）是這樣描述的：「正向的互惠維持了和諧，我善意幫忙你，你也幫忙我做爲回報，這種事反覆發生千千萬萬遍，傳遍整個社交世界。」

原來愛眞的可以積少成多。

本章重點

◆人性天賦是指你表達良善的慈愛天性的方式。

◆先在心裡生出愛。想像你將愛傳送給某個人，或是在你跟人互動的時候，在心裡將愛送給對方。

◆將那種充滿愛的感覺化為行動，慢下來問自己：「接下來，什麼才是適當的愛心行動？」

◆要是察覺你跟自己的人性失聯了，提醒自己重新拉開窗簾。

◆人性天賦有助於我們建立更快樂、更和平的世界。

第十二章
才能：登峰造極的隱形路徑

如果要你想出一個才華洋溢的人，你會想到誰？大概是這樣的人吧：

- 達文西，畫家與發明家。
- 愛達・勒夫雷斯（Ada Lovelace），第一位電腦程式設計師。
- 狄更斯，許多知名小說的作者。
- 茱莉亞・柴爾德（Julia Child），將法國菜引進美國的人。
- 宮崎駿，吉卜力工作室的動畫師及共同創辦人。
- 賽蓮娜・威廉斯（Serena Williams），拿下二十三次大滿貫的網球手。

● 薩地亞．納德拉（Satya Nadella），微軟公司執行長。

我們的世界遍地是能人，令人嘆爲觀止，想要看齊。他們登峰造極的境界似乎太遙遠，不像是我們所能企及的。我們很難想像他們曾經是普通人，就跟你我一樣，對自己想要什麼感到困惑、不知道自己擅長什麼、覺得自己像冒牌貨。

我們看不到他們變得才氣縱橫的經歷，那些經歷籠罩著神祕的面紗，極難在我們身上複製。

我們看到的是一個強化舊幸福的形象。才華似乎是直接從他們身上蹦出來的，一出來便發展成熟（哈囉，完美之我）；才華洋溢的人實現了許多外在的目標，例如：財富與名氣（哈囉，豐功偉業）；而才華只有寥寥無幾的天才會有（哈囉，分離）！

然而這些人，與其他許許多多的人，每一位都走上同一條隱形的路徑。他們運氣好，偶然踏上那條路，但我們所有人也有找到那條路的資格。

發掘個人才能的三個步驟

兩千四百多年前，亞里斯多德寫了《尼各馬可倫理學》（*The Nicomachean Ethics*）的專著，直到今天，仍然影響著哲學與心理學的風貌。在書中，亞里斯多德主張每個人都有一個「守護靈」，這是他對眞我的稱呼。

你與生俱來的潛能就在守護靈那裡。亞里斯多德認爲，身爲人類，你的任務就是將內在的潛能化爲現實，將潛能發揮出來，展現你最眞實的**本色**。

我們已經討論過，如何將你內心的愛發散出來。現在該是激發你內在潛能的時候了。我整合了亞里斯多德的看法和現代研究，拆成三個步驟：

一、發掘眞我天生的潛力。
二、將潛力變成你的能力。
三、讓能力隨著時間進化。

這就是那條隱形的路徑，如今現形了。

步驟一：發掘你的潛力

茱莉亞·柴爾德一向不在乎飲食。可是她新婚的丈夫保羅是饕客，帶她光顧法國歷史最悠久的皇冠餐廳（La Couronne）（一三四五年開業），從此一切都改觀了。在皇冠餐廳，她坐下來吃了改寫人生的一餐，六顆帶殼的生蠔、法式嫩煎魚排佐焦化奶油醬汁、爽脆蔬菜沙拉佐少許醬料，還有口感綿密的白乳酪。後來她告訴《紐約時報》，那一餐「開啓我的靈與魂」。

這就是我們發掘才能的方法，留意眞我帶給我們的感覺。這種感受有可能是精神層面的，比如柴爾德就是，也可能更幽微，例如：溫暖或平靜。也可能是想要行動的動力，例如：「我需要多了解一些這方面的事。」或「我要試試那個！」也可能是念頭，例如：「我很好奇……」或「那聽起來很厲害！」

開始列清單（或使用我們在第十章提到的練習簿），把你在日常生活裡的這些時刻都記下來。這就是你的「潛力清單」。

這就像淘金，你的感受就像偵測器一樣，在通報你找到了值得一探究竟的事物。

比方說，假如你是大學生，從你的課業裡篩出金子。也許你的教授說了一點什麼，令你不禁坐得挺一點，或是課本裡不經意提起了一條參考資料，結果你查了一堆東西都停不下來。也許那種感覺來臨的時候，你正在跟同學做小組作業，而你安排每個人的任務，讓大家達成同一個目標。或是校外人士來演講，分享職場生涯，而你聽得如痴如醉。

如果想不出來，以下幾招也能幫上忙。

1. 回到過去

你七歲的時候喜歡什麼？什麼科目、遊戲、書籍、電影？即使看來不切實際，記下來。

2. 借用別人的行事曆

誰的日常生活最讓你熱血沸騰？當你看著這個人，你會想：「哇塞！不敢相信這人每天都那麼早起床，然後去做那些事。」

3. 找出自己游刃有餘的事物

有沒有別人覺得很難，你卻輕輕鬆鬆就做得很出色的事？有沒有什麼你做起來很愉快，別人卻不愛做的事？

4. 徵詢意見

列出五到十個見過你待人處世的人，不論是在學校、在職場、在家、在你參與的群體都行。問他們：「你認爲我有什麼特別的能力？」或問：「你看到我在什麼時候最活躍？」引導他們爲你回顧你的天賦，你已經知道怎麼做了，就跟你爲別人指出他們的天賦時一樣。

別問下面這樣的問題：「你覺得我應該找什麼工作？」很多人會直接給答案，或是說出他們認爲你應該如何發揮潛力。然而是你在找工作。你要按照自己的感覺去過濾別人的答案，問自己：「我覺得這個建議合適嗎？」

如果你從目前的生活裡淘金，沒淘到任何金子，就需要換個新的方向。茱莉亞．柴爾德將近四十歲才發現自己熱愛食物，純粹是因爲以前沒有適當的體驗。你需要別的事物來引燃你，就像火柴要在一個表面劃一下才會點燃。

讓自己置身在會接觸到新事物的地方。去圖書館或書店，挑一個你平時絕不會走近的書區去逛。交友軟體。嘗試一種新的嗜好。如果你熱愛運動，去逛美術博物館；如果你喜歡藝術，去參與運動類的活動。讓「有趣」、「玩」、「探索」、「冒險」、「心血來潮」之類的用詞回歸你的生活。在社交媒體上追蹤不同領域、不同背景的人。觀察公司不同部門裡的一個人，從中挑一個給了你某種啓發的人，約對方去喝咖啡。

著名的微軟公司執行長薩地亞．納德拉，就是這樣找到自己的專長的。他求學時期非常迷惘，不知道自己擅長什麼。他不會念書，成績很差。他很愛打板球，但球技不夠好，擠不進季後賽的出賽名單。他爸爸不斷找出新事物讓他嘗試，有一天，買了一臺 Sinclair ZX80 電腦回家，這是最早期的家用電腦款式之一，結果押對寶了。納德拉燃起興趣。後來，他因此開發了一大堆才能，包括電腦科學與產品開發。

完成以上的練習後，你的清單便會寫滿各種事物，這些事物引起了你的興趣、令你興奮、給你靈感，這就是等著你發展的潛力。

步驟二：將潛力變成你的能力

達文西的父親是佛羅倫斯的富人，很受人尊重，讓兒子在佛羅倫斯著名的藝術與文化薰陶下長大成人。達文西從小畫畫，在父親的安排下，到一位佛羅倫斯畫家的手底下當學徒，就是傳奇的維羅喬（Verrocchio）。結果，達文西在維羅喬的工作室工作多年，栽培藝術天分。

狄更斯早期的人生比較辛苦。十二歲時，必須去鞋油工廠工作，爲父親償還債務。在工廠三年後，狄更斯回歸校園，最後他成爲記者，爲報社撰寫日常報導，培養寫作能力。

愛達・勒夫雷斯的父親是拜倫勳爵，就是那位大詩人。她對數學與科學都有濃厚的興趣，獲得母親的鼓勵。她的導師是著名的數學家查爾斯・巴貝奇（Charles Babbage），她就是在跟導師合作時，創造了第一個電腦程式。

看多了這些才子、才女的人生故事，便會看出一個模式，他們所處的（或設法進入的）環境可以幫忙他們將潛力開發成能力，他們在那裡可以一遍又一遍的鍛練自己的潛能。

然而根據卓然出衆的心理學家米哈里・契克森米哈伊的研究，這並不夠。下苦工很重要，但最重要的是你找到方法，讓苦工變得愉快。

苦工要怎麼變好玩？就是進入「心流」。心流是一種不同的意識狀態，是指你全然沉浸於自己在做的事情裡，覺得自己跟手頭上的事合而爲一。那是一種極度愉悅的體驗，那體驗本身就很值得。心流也會給你滿滿的動力，吸引你樂此不疲的重溫那種滋味，於是你對自己在做的事就越來越上手了。

在一項研究中，契克森米哈伊分析一群青少年，想找出是什麼讓有些人擁有才能。有才能的青少年覺得培養才能很愉快，更有克服挑戰的動力與決心。他提到協助發現雙螺旋 DNA 結構的法蘭西斯・克里克（Francis Crick）曾經說過，他之所以成功，最重要的因素是他喜愛自己的工作。在契克森米哈伊看來，理想狀態是「一個人不斷成長，同時享受自己在做的事。」心流協助你成長。

我在研究所的時候接觸到心流，儘管我了解心流的學術論述，真的心領神會卻是在認識我的伴侶亞力克斯以後，他是我生平僅見最多才多藝的人。我們初次相遇的時候，亞力克斯剛剛重新點燃對滑板的狂熱。我看到他下了多少工夫，想練到爐火純青，但我也看到他玩得多麼快活，整個人綻放出喜悅的光彩。

看著他，我靈光一閃。在我內心深處，我一向相信建立才能是輕鬆又好玩的。我錯了，是辛苦又好玩。

這又歸結到舊幸福講究的成果與新幸福的目標。**努力實現外在目標，與努力揭露自己真正的本色，兩者很不一樣。前者吸乾精力，後者帶來活力**。

每個人一開始都是初學者。但如果你置身在可以體驗到心流的環境裡，一遍又一遍，很快便能夠培養出一項才能。

要是世界更美好，每個人都會在這種環境裡長大。一項研究發現，如果你出生在收入爲頂端百分之一的家庭，你成爲發明家的可能性會增加十倍。無數女性、邊緣族群的成員、家庭收入較低的人，無法取得他們發展潛力所需的支援，成爲「夭折的愛因斯坦」。世界上那麼多人沒有得到應有的扶持，不能充分發展他們眞正的本色，實在不公平，而我們無法從他們的天賦受惠，也很離譜。

但我們能做的事，就是爲自己模擬那樣的環境。首先，學會進入心流狀態。要進入心流，你的技能水準要符合你給自己的挑戰。剛起步時，最微小的任務便足以挑戰你當下的技術。隨著技能的精進，你可以慢慢提高挑戰的難度，一直到你挑大梁爲止（神隱少女！蒙娜麗莎！）。反覆進入心流狀態的經驗，可以讓你登上一開始想像不到的大師境界。

從你的潛力清單挑出一個項目。也許你察覺到自己有教學方面的興趣。

從你挑選的領域，想出一件你在這當下可以自在嘗試的任務。這要看你具備多少經驗，從沒有任何教學經驗，到已經有多年的帶課經驗。

挑戰的難度要訂得略高一些，設定爲超過舒適圈大約十%。要是挑戰太難，造成壓力，你會想放棄。但如果挑戰太簡單，又很無趣，你也會想放棄。如果你沒有教過半個人，一個不錯的挑戰也許會是「教朋友寫求職信」。如果你有一些經驗，「花一小時寫一份全新的線上履歷」或許會是很好的挑戰。

然後去做。

你可以重複這個流程一遍又一遍，每一遍都提升挑戰的難度，以配合你新的技能水準。

心流的威力很強大，因爲能夠協助你進入不同的意識狀態，聚精會神幾個小時。人類學家大衛·格雷伯（David Graeber）與考古學家大衛·溫格羅（David Wengrow）指出我們在正常狀態下，可以專注在一個念頭或想法大約七秒。一次累積七秒，實在很難發展你的潛力。

格雷伯和溫格羅指出，還有另一種可以持續幾小時的意識狀態，與別人交流。我們可以投入幾個小時跟人談話、玩耍，或是跟人一起練習。這是另一種將潛力變能力的技巧。

一個著名的例子，是賽蓮娜·威廉斯從小就跟姊姊薇納絲一起打網球長大，兩人都是球壇的超級明星。賽蓮娜曾在一場訪談裡描述兩人的互動，「我們激發彼此最好的一面。跟她對打的時候，我知道一定要拿出最強的球技。她也是……在我們的職業生涯，我們一直在刺激彼此，拿出最優秀的表現。」

宮崎駿的師傅是他的第一位上司，一位名叫大塚康生的人，大塚一直都很賞識他的作品，提拔他擔當重任，帶他做新案子。「每次我面臨轉折點的時候，大塚都會出現，邀請我轉彎到新的方向。」宮崎駿說道。「他是幫了我最多的人。」

想想如何號召自己的夥伴——同儕、熟手、大師。

- **同儕**：許多課程使用這項策略，例如：在美術碩士課程中，學生要分組撰寫評論與討論。建立自己的同儕團體，跟致力於類似能力的人定期聚會，互相支援、互相指教。
- **熟手**：跟或許可以充當師傅的人接洽。與另一個人一個月見一次面或一年見幾次面，你的成長可能會突飛猛進（對於本身已經具備一些經驗的人來說，這也是施展天賦去幫忙別人的大好方式）。
- **大師**：你大概不能聯絡到他們本人，但你可以閱讀他們的傳記、觀賞紀錄片、參與他們的工作、研究他們發揮的影響。

協助彼此將潛力變成能力，是另一個得到幸福的妙法。

步驟三：讓能力不斷進化

眞我不會想要原地踏地。它想要不斷擴張，它需要持續擴張。

當你施展一己之長的技巧越來越嫻熟，就需要不斷提高挑戰的等級，才可以持續進入心流狀態。所以專注在新幸福的眞摯行動，而不是聚焦在結果，才會如此重要——**沒有要抵達的終點**。**只要你活著，你就在邁向自己的路上**。

作家莎娣．史密斯（Zadie Smith）曾經分享她在編舞家瑪莎．葛蘭姆（Martha Graham）的傳記看到的忠告。葛蘭姆描述跟自己的內在潛力保持連結很重要，不論那是什麼潛力，她寫道：「有一種活力、一種生命力、一種能量、一種復甦，藉由你化爲動作，又由於一直以來都只有一個你，這種表達是獨一無二的。」

葛蘭姆指出阻撓我們發揮潛力的最大障礙之一，事實上就是我們本人：

要是你阻擋潛力發揮出來，潛力會找不到任何媒介發揮而從此報銷，這個世界不會再有那一份潛力。判斷你的潛力有多棒、多寶貴、跟別人的表達形式相比又如何，全都與你無關。讓你的潛力保持明晰與直接、確保你的管道開放，才是你的事。

你不是你的才能。你是揮灑才能的人。有時候，你揮灑才能的形式會改變。如果你覺得哪一項才能變得無趣、無味，就是你要進一步深入、橫向發展、躍進新領域的訊號。

1. 進一步深入

狄更斯不是只寫小說，還嘗試過寫雜誌文章、短篇故事、戲劇。

想要進一步深入自己的專長，可以換一個有點挑戰的環境（比如找一份新工作、加入一個群體、去進修），或是給自己一個任務，任務內容要比你以往做過的事都更雄心壯志（寫作的人寫第一本書、蓋房子的去蓋結構更複雜的房子）。

2. 橫向發展

茱莉亞．柴爾德寫完重量級的食譜之後，開始上電視節目，協助成立美國酒食協會（American Institute of Wine and Food），並推廣兒童飲食教育。

擴展你的觀點，把你的才能看作是更大範疇裡的一部分，例如：

- 藝術專長就是屬於更廣泛的「創作能力」範疇，例如：拍攝電影、設計、攝影、時尚。
- 客服專長屬於更廣泛的「人際交流能力」，例如：志工服務、策劃、領導、業務銷售、公共演講。
- 策劃活動的才能屬於更廣泛的「組織能力」，例如：領導力、企業管理、營運、協調力。

3. 躍進新領域

除了藝術，達文西花了許多年研究人體、數學，設計飛行器、機器人、武器（早在我們有可以打造這些東西的科技之前）。是什麼串聯起這些追求？他想要突破一切現存的知識，不滿足於單一領域。

你可以檢視自己的才能，問自己：「是什麼更深層的動機在驅策我的才能？我還可以將這個動機用在哪裡？」

在你揮灑才能的時候，你的行動會造福世界，不只在於你運用才華所做的事，更在於你這個人會因此蛻變。契克森米哈伊認爲，一個時時追求心流的人，會演化成最高版本的自己；心流不僅有助於你的個人成長，也會促進你貢獻的能力。這就是「做最棒的自己」的眞義。

4. 持續把你的才能當做送人的禮物

才能是很容易被舊幸福扭曲的禮物，就像下雨時，木頭受潮變形。

許多人將才能用在工作上，有時才能似乎決定了我們是誰。信奉個人主義、資本主義、階級宰制的舊幸福勢力，樂見這種現象，他們要把你塞進框架裡，不要你出來。「你只是一個電工。」「你只是一個會計。」「你只是一個護理師。」你不能這樣限制自己。你的內在蘊含那麼多的潛力，永遠有新的發揮方式。

天分不一定要用在賺錢，天分可以用在任何地方：

- 如果你有振奮人心的天分，當朋友陷入難關，發揮你的本事讓朋友保持希望。
- 如果你有創造的天分，可以培養打毛線的嗜好。
- 如果你有待客的天分，可以爲親友舉辦愉快的晚餐派對。

要是你施展才能的環境有了異動，比如被裁員、有了病痛要應付、人生的責任逐漸改變，或是你想要培養截然不同的新能力，你的內在潛力都會找到新的表達形式。只要你曾經發展出一項才能，就表示你知道如何建立第二種才能。這是一種超級才能，也就是擅長培養才能的能力。你只要重拾那條隱形的路徑就行了。

由於社會注重某些才能、予以獎勵，那些才能似乎就比別的才能更有價值。不是那樣的。每一種才能的用途都很重要，記住你在群體網絡裡占有一席之地。所有的天賦都要緊；所有的天賦都息息相關；所有的天賦都積少成多。外在獎勵甚至可能會讓人忘記，當初運用個人才能的初衷，揭開你的內在力量、開創美好，不爲名利，不求別人的讚揚。別讓舊幸福將你的眞摯行動變成追逐名利。

你的才能不必觸及幾百人、幾千人、幾百萬人也會有意義。事實上，通常是你跟別人眞情交流的時刻，最能夠讓你心滿意足，讓你覺得人生有意義。對，茱莉亞．柴爾德的菜式是出了名的優雅。但那些料理對你的意義，比得上你家孩子擔任小廚師、給你烹煮的第一份餐點嗎？

關鍵不是你影響了多少人，而是你發揮了影響力。你，身爲人類，在這個世界上發揮才能，在人類同胞需要的時候幫了忙。維克多．弗蘭克是這麼說的：「人生是否圓滿，不是看一個人的行動範圍有多大，而只是看一個人的行動是不是讓某個行動範圍充實完整。」

本章重點

◆建立才能有三個步驟：發掘潛力、把潛力開發成能力、讓能力持續進化。

◆要發掘潛力，留意悸動的瞬間，就是你產生興趣、感到好奇、興奮的時刻。

◆要將潛力變成能力，一、進入心流狀態，二、找個搭檔或是跟一群人一起努力。

◆假以時日，你的能力會進化。你可以繼續深入鑽研已經在做的事，也可以橫跨到相關的領域，或是躍進新的領域。

第十三章

智慧：你懂的事情比你以爲的更多

二〇一六年某個週六下午，我在舊金山現代藝術博物館閒晃，被藝術家蘇珊·歐馬利（Susan O'Malley）的展覽深深吸引。她在色彩鮮明的幾面畫布上，以大寫字母寫出短句，在簡樸中展現濃烈的歡樂氛圍：

聆聽你的心
一切都會好好的
說不定可以呢
這點子並不蠢

該懂的你都懂了

這項展覽的名稱是《八十歲的你給你的忠告》。歐馬利請教了一百位各種年紀、各行各業的人，詢問老年版的他們會給那一刻的自己什麼忠告。她把這些忠告稱爲集體信心喊話。

他們的答案揭示了關於智慧的重要特質——我們都具備智慧。歐馬利明白只要有適當的提示，我們便能提取自己的智慧。

以前是否曾經有人問了你一個好問題，然後你說出了連自己都意外的話？你開始分享從沒說的眞摯話語。一個良好的提示，揭示了你內心的鮮活智慧。

在我的研究中，智慧沒有單一的定義，但大部分科學家同意，我們是從人生的歷練裡得到智慧，智慧可以促進別人的幸福安康，提供指引，協助解決問題，穿越混沌不明的局勢。社會學家莫妮卡・阿德爾特（Monika Ardelt）便指出：「智慧是反思個人經驗以後領悟出來的。」

我立足在這份研究上，將「智慧天賦」定義爲你從個人經歷獲得的見解或理解。

當你發揮那一份智慧，將智慧融入你的生活方式、你的行動、你製作的事物、你給人的扶持，智慧就成了禮物。

智慧的禮物可用在催化社會浪潮、發起倡議、展開計畫與服務、做出良好的決定、解決重大問題，有的是對世界本質的重要見解，有的是解決特定問題的策略。

很多人不相信自己有智慧。這很荒謬。你當然有智慧。只有你一個人經歷過你的人生，你的人生永遠只有你一個人經歷過！你內心蘊含著寶藏，可以撫慰破碎的心、解決問題、改造人生。你只是沒有得到適當的提示，沒能解鎖那份智慧。

切換視角的威力

一九九〇年，心理學的博士生依莉莎白・紐頓（Elizabeth Newton）做了一個有趣的實驗。她找來一百五十人，將他們分爲兩組。一組是「敲擊者」，一組是「聆聽者」。敲擊者要想著一首歌，一邊在桌面敲出旋律。之後，讓他們預估聆聽者猜對歌曲的可能性。敲擊者猜大概一半的聆聽者會認出歌曲。實際上，一百五十人裡只有兩人猜到正確答案——大約〇．〇一％。

這項發現實在太驚人，甚至有了專門的稱呼——知識的詛咒。一旦我們知道一件事，便很難想像誰會不曉得那件事。我們在腦海裡聆聽一首歌，便假設其他人也聽到了。我們沒有思考另一個人需要聽見什麼，才能夠正確的辨識歌曲，而是想著我們自己聽見了什麼。

就是這樣，我們才無法發現自己的智慧。我們想著**自己**，沒有考慮到別人的需求。我們要放下自我本位，問一問：「我知道什麼對別人有用的東西？」

幾項研究證實了這樣子切換視角的效用有多大。在一項研究中，研究員請參與者先想一個自己面臨的難題，再想像那是朋友遇到的挑戰，而他們必須給朋友建議。想像你在給朋友建議，會帶來比較明智的答案。在另一項研究中，研究員請美國人思考美國兩極化的政治議題，一部分人要採取在美國生活的美國人角度，一部分人採取在冰島生活的冰島人角度。結果想像自己是冰島人的參與者，能夠以更理智的態度分析美國的本土議題。

在接下來的幾個小節，我們要討論生活中的四大智慧泉源，以及可以幫助你解鎖那些智慧的四個提示：

- **你的人生旅程**：「我有什麼人生心得，是別人派得上用場的？」
- **你的成就**：「我有什麼成就？我要如何指引別人得到相同的成就？」
- **你的難題**：「我吃過什麼苦，是我可以爲別人擋下來的？」
- **你的人際連結**：「我可以從別人身上學到什麼？」

你的人生旅程

我母親在青春期之前開始游泳，游到了十幾歲才認眞起來。中學時代都在接受培訓，之後成爲密西根大學的全美最佳運動員，最後參加了一九八四年的奧運賽。一九八五年，她退役了——從此不再游泳。

退役後，她辛苦摸索要如何安身立命，想找到能夠發揮她人生經驗的事情做，同時從中得到跟游泳一樣的滿足感。這一摸索就是二十七年。她試過很多條路，傾注運動員的全部衝勁，經營一間連鎖店、在社區當志工、照顧我們的家庭。然而她一直覺得似乎缺了什麼。

二〇一三年，一位曾是奧運選手的鄰居，不幸自殺身亡。我母親完全不知道他活得那麼痛苦。他的死讓我母親明白了，不是只有她在退出體壇之後茫茫然。世界上還有許多運動員迷失方向，不曉得該拿結束運動生涯後的新生活怎麼辦。就像我們家鄰居那樣的運動員。

她受到這件事的刺激，想用自己的人生經驗協助其他運動員。她在接下來五年投入研究，仔細歸納離開體壇的好處與隱憂，寫成一本書。現在她平時忙著支援世界各地的奧運選手，輔導他們爲結束運動生涯後的生活做準備，提供他們穿越過渡期所需的技巧與支援。

每個人的人生旅程都是獨一無二的，因此智慧也是獨一無二的。用第一個提示的問句發掘你的智慧：「我有什麼人生心得，是別人可以派得上用場的？」以下是幾個例子：

- 「我是我們事務所第一位取得合夥人資格的黑人女性。女性在這一行沒有得到應有的地位，我現在在輔導她們，協助其他事務所兩性平權。」
- 「我移民到美國的時候，都不知道如何建立金融信用額度，全都自己摸索。現在我跟教會的難民服務單位合作，給新移民簡單、容易的指引。」
- 「我妹妹從小身障，我看她很多常見的兒童活動都不能參加。由於這樣的經驗，我設計了方便身障人士使用的遊戲空間。」

回顧以往的人生，可以看出模式和教訓，就像齊克果（Søren Kierkegaard）的名言：「人生要向後看才看得懂。但大家忘了另一個原則，就是人生一定要向前走。」

你的成就

這世界最美妙的事情之一，就是總有人想做你已經做過的事，也總有人已經做過你想做的事。

有的人正值不同的人生階段或時期，而你是過來人（求學、求職、生兒育女）。有的人在追求你已經實現的目標（創業、登山、學習特殊技能）。

這是過來人的智慧，是我們可以互助的方式之一。我們從人群網絡傳遞智慧，踏上別人走過的路，也指引跟著我們腳步走的人，每一次都走出專屬於自己的一條路。

想想你在有所成長、有所成就、跨過轉捩點的時候所樹立的個人里程碑。第二個智慧的提示句是：「我有什麼成就？我要如何指引別人得到相同的成就？」

我做研究的時候看到一個很棒的故事，正是這種智慧的例子——也示範了智慧可能改變別人的生命。

二〇〇六年，艾琳．拉克伍德（Erin Lockwood）在紐約的澤維爾高中（Xavier High School）教書。她請學生寫信給一群著名的作者，請對方來課堂上講授他們的創作過程。

只有《五號屠宰場》（*Slaughterhouse-Five*）的作者馮內果（Kurt Vonnegut）回信。在這封信裡，他寫道：

> 這是今天晚上的作業，要是你不做，希望拉克伍德老師當掉你：寫一首六行的詩，主題隨意，但要押韻。打網球就要有網子，不然不公平。
>
> 盡力寫到最好。但不要跟人說你寫了詩。不要給人看，不要念給別人聽，即使是你的女朋友，或父母，或任何人，或拉克伍德老師。好嗎？
>
> 撕成小小的碎片，扔進相隔遙遠的幾個垃圾回收箱，這就是你的詩所得到的最輝煌的報償了。你體驗過創作的過程了，對自己的內心有了許多認識，靈魂也成長了。

馮內果在文壇累積了許多成就，發現創作的祕密。藝術創作會促進靈魂的成長；如果你想開發創意，就專心創作藝術吧。他在信裡傳遞了這一份智慧。

我設法聯絡到拉克伍德，問起那份作業。「他們寫完邀請函，我就立刻寄出去了。」她笑著告訴我。「完全沒指望會收到回音。」然後有一天，有人在她的桌位留了一張便條紙：馮內果來電。起初她以爲有人在開玩笑。

他們通了電話，馮內果跟拉克伍德說，那些信讓他很感動。在溫馨的對談中，拉克伍德告訴馮內果，他的《冠軍早餐》（*Breakfast of Champions*）是她高中時最喜愛的書，她因此立志成爲英文老師。掛斷電話後，她以爲不會再有下文了，結果他寫給全班的信來了。

拉克伍德爲我牽線了一位當年寫信給馮內果的學生，麥可・佩林（Michael Perrin），如今也在紐約市教書。

佩林告訴我，最讓他感動的一點是馮內果雖然不能來講課，卻願意做力所能及的事，「把非常有力、激進到極點的鼓勵之語，送給當年的青少年。」佩林說這是我們應該在力所能及的時候分享智慧的深刻例子。

拉克伍德和佩林都提到，他們時常想起馮內果在那封信傳遞的智慧。拉克伍德放下教鞭，成爲心理師，說他的話語如何影響了她。佩林則說，他經常回想馮內果的話，當成教學的指引。

馮內果大可無視學生們的信，但他花了時間寫了睿智的回覆，漣漪效應到二十年後都還在影響他們的生活。他在寄出那封信僅僅幾個月後，便過世了。

你的挑戰

最早提出「悲傷的五個階段」說法的精神科醫師伊莉莎白·庫伯勒─羅斯（Elisabeth Kübler-Ross），曾經寫道：

我們所知最美好的人，是見識過失敗、見識過掙扎、見識過失落，又從那些深淵裡走出來的人。這些人對人生抱持一種感恩、一種敏感、一種理解，因而有滿溢的憐惜與溫柔，懷抱深刻的慈悲關切。這些人的美好並不是出於偶然。

智者選擇從不同的角度看待痛苦與掙扎，不是只當做必須熬過去的一段個人經歷，而是日後可以轉而用在助人的體驗。他們明白世界上有人正在受苦，可以從他們的知識受益。而且選擇這樣的觀點也對你有益，會更能夠應付困頓的時光，更能感受到人生的意義，強化你的韌性。

要從你走過的挑戰發掘智慧，問自己：「我吃過什麼苦，是我可以爲別人擋下來的？」

我最近看到一位圖書館員的故事，她名叫芭芭拉．韋德曼（Barbara Weedman）。多年前，維德曼是一位單親媽媽，很清楚對這樣的孩童與家庭友善的空間很稀罕，要在這樣的世界帶孩子實在很困難。

她趁著圖書館重新裝修的時機，建議館方設置能夠照顧單親家長的東西，例如：專用的閱覽檯，附帶供寶寶使用的圍欄。家長使用電腦的時候，寶寶就可以躺在他們身邊，圍住寶寶的木板都寫了從書裡摘錄的句子做爲裝飾。如此韋德曼將自己的痛苦變成助人的資訊。那篇報導廣爲流傳，許多圖書館聯絡了他們，研究如何製作類似的閱覽檯。

另一個例子是歐普拉．溫弗蕾（Oprah Winfrey）。她來自密西西比的鄉村，家境非常貧苦，小時候還遭到性虐待。在這些逆境裡，她懷抱著要當記者的美夢，要讓世界不一樣。歐普拉分享自己蛻變的過程，讓其他人有力量追隨她的步伐。有時要傳遞你的智慧，只需要勇於談論你經歷過的挑戰。

你可以從別人身上學到什麼

辛查．布寧（Simcha Bunim）拉比是一八〇〇年代的波蘭宗教領袖，他說口袋裡應該隨時放著兩張紙，一張寫「我是一粒塵埃」，另一張寫「這世界是爲我創造的。」

我們應該這樣看待自己的智慧：「我有重要的見解、觀點、經歷，要跟這個世界分享。」以及「還有很多我不知道的事。」你懂的事情比你以爲的還要多，也比你想像中少。

科學界同意，智慧的必備元素是懂得謙虛。智者不但願意在自己不懂的時候明講，也願意在犯錯的時候承認。他們明白任何智慧都有局限，有特定的脈絡，不一定能套用到一切情況。最重要的是，他們知道當一個人對自己的智慧太有把握，就會變成不明智的人。

要取用這種智慧，問自己：「別人可以教導我什麼？」

沒人無所不知。這是另一個我們需要彼此的原因。我們是彼此的老師、嚮導，以及幫手。

有時這種智慧是大喇喇送上門的。一九三〇年代，行動主義者兼作家寶麗・莫瑞（Pauli Murray）認識了當時的第一夫人艾蓮娜・羅斯福（Eleanor Roosevelt）。幾年後，莫瑞寫信給羅斯福，抗議南方的隔離政策。羅斯福回信給她，結果兩人建立了出乎意料的友誼。莫瑞挑戰羅斯福夫人，讓她從截然不同的角度看世界，後來那些年裡她的行動因而轉變，影響了立法、行政優先權、人權的倡議。

也有的時候，這種智慧是透過觀察傳遞的。眞正的智慧是活出來的，這表示觀察別人的溝通方式與行爲，便可以學到很多智慧。例如：我的伴侶亞力克斯的母親做了二十多年的護理師。亞力克斯生病時，她遠在澳洲，卻仍然成爲我的生命線，不只因爲她有醫療知識，也因爲她懂得照顧又病、又怕、又悲傷的人，她是那些知識的活化身。我常在艱難的時刻模擬她，問自己：「雪莅會怎麼回應這個挑戰？」

這是很厲害的技巧，可以用來汲取任何人的智慧，向他們學習。想一想誰具備你當下沒有的智慧，無論你認不認識他們本人都可以。想像要是他們在你的處境會怎麼做。當你將他們的智慧化爲你的行動，也會在自己內心建立智慧。

智慧需要傳遞出去

在一篇精采的論文中，體質人類學家喬瑟夫・亨里奇（Joseph Henrich）與心理學家麥可・穆圖克里什納（Michael Muthukrishna）問：爲什麼我們人類比其他動物聰明？我們如何在艱難的環境存活下來，開創新事物，找到欣欣向榮的方法？

他們發現，大部分人的直覺反應是個人主義的答案，認爲是有一些偉人帶來重大的進步，造福了我們；而他們論文的論點恰恰相反，人們的進步不是偉人開創的，而是大家集體開創的偉大。我們建立了他們所說的「集體大腦」，就是我們累積了幾千年的知識和智慧。集體大腦協助人們度過目前的挑戰，邁向更美好的未來。

有很多方法可以將你的智慧變成禮物，增益我們的集體大腦，例如：

- 創立計畫或服務
- 用文字或言語溝通
- 施行新的體制系統

- 教學
- 提供不同的觀點
- 仗義執言
- 製作東西
- 說出你的故事
- 做自己

想想要是大家各自分享智慧，我們的集體大腦還會強大多少。把你的領悟，傳遞給別人。

集結你全部的天賦

現在你認識了三種類型的天賦：人性、才能、智慧。你內在具備不可思議的良善，這些良善以愛、潛力、觀點的形式存在，好好培養並表達出來，你會體驗到深厚的幸福。

寫這一章時，我想聯絡蘇珊・歐馬利，就是創作了幾年前那場展覽的藝術家，看能不能跟她談談她的作品，表達我的感恩。

尋人的時候，我得知她的噩耗。她跟丈夫奮鬥了好幾年才懷上雙胞胎女兒，在原訂的剖腹日期之前三天，歐馬利暈倒了。沒人知道有一顆腫瘤長在她的心臟上。醫生們無法挽回她的生命，也救不回她的寶寶。我流著淚，閱讀相關的資訊，這根本不對，這太慘了，實在是、實在是不公平。

我閱讀頌揚她人生的文章，曉得了歐馬利的夢想，她希望這個世界有更多的愛、眞情交流與喜悅。她將打造那樣的世界視爲一生的使命，一幅畫處理一個問題。

她過世後，朋友們從她的作品裡挑出一句話，印製了幾千份，散布在灣區各處，來幫忙她實現她的願景。他們挑選的作品正是我在那一場展覽看過的，底色是美麗的彩虹漸層，句子是：

未來會比你所想像的更美。

我想跟歐馬利分享的小故事就是關於這幅作品。有天我下班了，一邊開車回家，一邊爲了亞力克斯的病情澈底悲觀。我覺得一點指望都沒有了。然後我卡在車陣裡，看到一棟建築的牆面上以巨大的字體繪製了她的作品。那是希望的燈塔。

但不是只有她的智慧照顧了我，是她集結了全部的天賦，才有了那一幅畫。畫裡有她的智慧，她明白大家心裡都有答案，而這些答案可以幫助別人。畫裡有她的才華，她將那些話語繪製成醒目的美麗藝術作品。畫裡還有她的人性，她殷切的想把更多的愛帶進這個世界。

她將全部的天賦共冶一爐，跨越了時間與空間，在我需要的那一刻觸及了我，她做了只有她做得到的事，這一份貢獻不能複製，無法模仿，因爲那來自她的眞我。但願我可以跟她說，那一刻對我的意義有多重大。謝謝妳，蘇珊·歐馬利。妳在我最需要的那一刻拉了我一把。

你，揮灑天賦，也能拉別人一把。你，揮灑天賦，會做到只有你能做的事。你，揮灑天賦，可以幫助你認識及不認識的人，讓他們一輩子忘不了。

本章重點

◆智慧來自你的人生閱歷。

◆要看見自己的智慧並不容易。要釋放你的智慧，專注在如何用你的經驗去協助別人。

◆從四大方向開始尋找自己的智慧：你的人生旅程、你的成就、你的難題、你的人際網絡。

◆當你將智慧傳遞給別人，你不是只幫助一個人——你也灌溉了我們的集體大腦，促進社會進步。

第五部

爲世界效勞

留意四周，你會發現許多人支撐著你，而人群也需要你，
當你回應世界的哭聲，你會找到自己渴求已久的人生目的。

第十四章

讓你我緊密相繫的需求

說到愛因斯坦，你心裡大概會浮現幾個畫面：絕世天才、E=mc2、帥氣的髮型。但這位史上最著名的科學家有一件不爲人知的事，他熱血的活出新幸福。當然，他不是用這個詞，然而從他的書寫和行爲都可以清楚看出來。

一九三八年，他在斯沃莫學院（Swarthmore College）的畢業典禮演講，便提到了新幸福，說道：

每個人都應該要有機會去發展可能蟄伏在他們內心的天賦。光是這樣，一個人就可以得到理應擁有的滿足；光是這樣，人群就可以得到最昌盛的蓬勃發展。

愛因斯坦將發揮天賦的體驗稱爲「滿足」，但我認爲他講得實在太含蓄了。當你施展天賦，你的感受遠遠超過任何一個詞能夠涵蓋的意思。那是一種很浩瀚深刻的幸福形式，一種人生有意義的感覺，外加日常的歡欣喜悅；無窮的動力與滿足感並存；那是支撐你度過挫敗的韌性；那是給你勇氣的決心；那是讓你在同一時間裡更貼近自己、別人、世界的體驗。

那愛因斯坦的後半句話，協助世界「得到最昌盛的蓬勃發展」呢？

這就是本章要回答的問題。這是新幸福的最後一項要素，是我們要踏出的最後一步，如此才可以施展天賦、體驗到發揮天賦的深厚幸福。

我們要明白自己不僅與全世界相連，我們的幸福也完全仰賴這份連結。

我們都是相連的

一九七一年一月三十一日，艾德格．米契爾（Edgar Mitchell）離開地球，前往月球。同年二月五日，阿波羅十四號任務在月球的弗拉毛羅高地（Fra Mauro Formation）

著陸，米契爾跟艾倫・雪帕德（Alan Shepard）花了三十三小時採集岩石和土壤樣本，並且架設實驗，將資料傳送回地球。

米契爾從此變了個人。他是這樣說的：

你會瞬間出現全球意識，以人為本，對世界局勢強烈不滿，恨不得做點什麼來解決問題。在月球上，國際政治看來太渺小了。你會想要揪住政客的領子，把他拖到二十五萬哩以外，跟他說：「看看那個，混帳。」

科學家把這稱爲「全景效應」（overview effect）。太空人在太空經歷到一種讚嘆感，他們的世界觀因而粉碎，產生了我們互相依賴的新認知。

你不必上太空就能明白這一點。這正是我們在本書踏上的旅程。你跟著每一章的進度，不斷改變你對自己的看法，從分離變相連；然後放大格局，在施與受之間連結到越來越多的人；而現在，你要連結全世界。

與世界相連是最盛大的連結形式，是原住民與原民文化的一貫傳統，可惜被殖民者摧毀或打壓。美洲原住民歷史學家廷克．廷克爾（Tink Tinker）指出，關鍵差異在於我們的世界觀。例如：夏威夷的原民世界觀認爲萬物相連，相信「一個人只有在與整個部族的關係脈絡中，才能夠建立個人的平衡。」班圖（Bantu）哲學的「烏邦圖」（*ubuntu*）核心價值觀，就是認爲自己與其他人密不可分。科學界認爲這些世界觀，與心理、生理、群體、生態的健康效益有關。

與世界的連結會給我們動力，刺激我們爲世界貢獻。

當一個人爲自己買車，他們會說：「這是我的車。」當一對夫妻一起買一輛車，他們會說：「這是我們的車。」

當一位職員獨自完成一個案子，他會說：「這是我的案子。」當一支團隊合力完成一個案子，他們會說：「這是我們的案子。」

當人類彼此劃界線，他們會說：「那不是我的問題。」但當他們彼此相連，他們會說：「我可以幫你什麼忙？」

如何認同世界

在一九四二年夏季的波蘭，一位名叫波薇娜（Balwina）的女性應了門，看到一個小男孩，他又髒又餓，嚇壞了，哀痛到整個人呆呆的，而且獨自一人。她認出他是誰的孩子，在納粹入侵之前，她曾經跟男孩的父親做過交易。男孩名叫山繆．歐萊納（Samuel Oliner），納粹在博博瓦（Bobowa）貧民區屠殺居民，他全部的家人都喪命了，然而在人即將被殺光之前，他奇蹟般逃離生天，

波薇娜立刻讓他進屋，無視庇護猶太人的刑罰是死刑。波薇娜聽他說話、給他食物，擬訂幫助他活命的計畫。她給山繆一個假造的波蘭名字，安排他到遙遠的農場工作，以免他被鄰居認出來。她甚至讓兒子去探望他，佯裝他們是以前學校的朋友，讓山繆的假身分更可信。

多虧了波薇娜的勇氣，山繆度過戰火。移民到美國後，他奉獻人生去研究利他主義，爲什麼波薇娜那樣的人會助人。他的妻子珮爾．歐萊納（Pearl Oliner）也是社會學家，兩人一起研究第二次世界大戰時拯救猶太人的人。

歐萊納夫婦的基本看法是，當你認爲別人是你的一部分，你會想要幫忙他們。波薇娜沒有把山繆當成「他者」，他沒有哪裡跟她不同。她認爲山繆是人類同胞。

政治學家克莉絲汀·門羅（Kristen Monroe）的研究結論跟歐萊納夫婦一致。她訪談了冒著生命危險救人的英雄，他們衝進火災的建築，或是跳到地鐵的軌道上。他們有一個共同點，他們認爲自己跟每個人都是相連的，屬於更大的人類族群。

如果我們不跟全人類相連，便要承擔只連結少數人的危險，就是跟我們最相像的人。我們的傾向是把人劃分到不同群體（「紐約人」、「基督徒」、「美國人」），優先照顧跟自己相同群體的人。我們認定的「他者」會改變，誰是自己人也會跟著變，就像那句著名的貝都因諺語說的：「我對抗我的兄弟，我兄弟跟我對抗我堂兄弟，我們全部兄弟對抗陌生人。」這些區分可能導致壓迫、暴力、大屠殺、戰爭。

一般認爲我們注定要這樣區分你我，然而其實恰恰相反。大量研究顯示，儘管我們確實會把人分類，這些分類其實很彈性。很多實驗揭露了我們劃分世界的方法非常隨意。

有一項巧妙的研究證明了這些標籤的彈性有多大，做法跟第十一章好心的撒馬利亞人研究不太一樣。

研究員找來一群曼聯（Manchester United）足球隊的球迷，請他們專注在曼聯球迷的身分：這身分對他們的意義有多重大、給了他們多少快樂，以及他們跟同一陣線的曼聯球迷有多親密。然後研究員請他們走到另一棟建築觀看一支影片。在半路上，他們看到一樁假造的意外。一位研究員摔了一跤，哇哇叫痛。不一樣的來了，這人的服裝是曼聯球衣、普通上衣、利物浦隊的球衣三者之一，利物浦隊是曼聯長久以來的敵手。他們會幫這位「他者」嗎？

九十二%的參與者幫了穿曼聯球衣的人，那是他們的自己人。只有三十%幫助了穿利物浦隊球衣的人，三十三%的參與者幫助了穿普通上衣的人。他們把援手伸向跟自己最像的人。

這符合研究員的預測。他們眞正想知道的是，他們能不能改變參與者對非我族類的立場。

他們換了一批人做實驗。但這一回，他們請參與者把自己的身分認同拉高一個等級：足球迷。這可以涵蓋曼聯球迷，也涵蓋艾佛頓隊（Everton）、兵工廠隊

（Arsenal）、切爾西隊（Chelsea）的球迷——連他們的敵人利物浦隊的球迷也包括在內。這一次，看到有人在面前摔倒，參與者協助利物浦球迷的可能性就跟曼聯球迷一樣。而協助穿著普通上衣的人的可能性則低很多。

不曉得要是研究員進一步抽離他們的身分，請他們專注在大家都是人類的事實上，結果會如何。會不會有更多人協助穿一般上衣的人？我猜會。

這是我們都可以做的事。想想你最認可的自我身分，然後抽離，越離越遠，盡量在每一次都涵蓋更多群體的人。可能類似這樣：

- 我是德州人。
- 我是美國人。
- 我是北美人。
- 我是人類。
- 我是生物。

或是：

- 我是設計師。
- 我是有創意的人。
- 我是人。
- 我是生物。

在現實中，你跟每個人都有關聯。有些科學家認爲，目前這個世界上的每一個人都擁有一位共同的祖先，生於西元前一千四百年至西元五十五年之間，我們都是有關聯的人。愛因斯坦那樣的科學家會向世人倡導這種觀念，或許沒什麼好奇怪的，這是合理的行動。

你需要世界

二○一○年九月十日接近午夜時，賈伯斯發了一封電子郵件給自己：

我的食物極少數自己種植，而那極少數食物的種子不是我培育、篩揀的。

我穿的衣服全都不是我製作的。

我說的語言不是我發明的，也不是我讓它完備的。

我使用的數學不是我發現的。

我受到自由與法律的保障，想到那些概念、立法的人不是我，強制執法、裁決宣判的人也不是我。

感動了我的那些音樂不是我創作的。

當我需要醫療照顧，我沒有救自己一命的能力。

我工作要用的電晶體、微處理器、物件導向程式設計以及大部分科技，都不是我發明的。

我喜愛並欣賞我的物種，包括生者與逝者，我完全依靠他們來維持我的生活與身心健康。

別人的行動是我們時時刻刻收受的禮物。我們永遠不會認識的幾十億人促進了我們的幸福。這就是亞里斯多德說的共同利益，群體的身心要健康，個人才有可能身心安康。

即使是最簡單的生活小事，都能看出你對世界的依賴。幾年前，藝術家湯瑪斯．思韋茲（Thomas Thwaites）想要從無到有，親手打造一臺烤麵包機。他出門挑選烤麵包機，買了價格不到五美元的最便宜的一臺，拆了，發現有四百零四個獨特的組件，那是錯綜複雜的人類發展交織在一起才打造出來的成果，就爲了讓人可以把一片麵包烤得酥酥的。

愛因斯坦也認爲事實如此。他寫道：「我一天提醒自己一百次，我裡裡外外的生活都奠定在古往今來所有人的勞動付出上……我一定要盡一己之力去付出，就像我接受了別人的付出一樣。」

我們公認賈伯斯和愛因斯坦是史上兩位最偉大的「改變世界的人」。沒人會否定他們的影響力，同時他們不是獨立做到的。他們是最早坦承這項事實的人。

舉個例子，愛因斯坦念書時覺得物理課太無聊，經常翹課；要考試了，就惡補朋友馬西爾．葛洛斯曼（Marcel Grossmann）的筆記來應付。後來愛因斯坦跟他央求：「你一定要幫我，不然我會瘋掉。」葛洛斯曼答應跟愛因斯坦合夥，協助他建立理論，讓理論得以進化。葛洛斯曼的父親還幫愛因斯坦敲定在瑞士專利局的工作。在那裡，愛因斯坦要審核所有的新發明，而這讓他可以推動自己的研究。遇到想不通的問題時，愛因斯坦就跟朋友米給雷．貝索（Michele Besso）討論，說貝索是「歐洲最棒的參謀」。當他需要逃離納粹，比利時王室爲他提供在英格蘭的藏身處，之後美國迎接他的到來。

史上每一位「偉人」的身邊都有一群幫助過他們的人——他們多半沒有在歷史上留名，但全都送出了自己的天賦禮物，促進了人類的共同利益。

我們都有了不起的一面，但一個人只有成爲群體的一份子，才能把了不起的一面發揮出來。

世界需要你

二〇〇八年，太空人榮恩．嘉朗（Ron Garan）到國際太空站執行任務，跟艾德格．米契爾一樣經歷了全景效應。他的世界觀改變了，隨後感到了深切的悲傷：

我不禁想到將近十億人沒有乾淨的飲用水，不計其數的人每晚都餓著肚子入睡，社會不公、衝突，在這個世界上依然無所不在的貧窮……我們都是在地球上並肩同行的旅人，要是我們可以從這個角度看世界，就會看到沒什麼是不可能的。

我們的世界問題百出。當我們跟大家共同的人性失聯，就很容易看著別人，說道：「那個問題現在又沒影響到我，輪不到我擔心。」

即使問題眞的影響了你，你可能會覺得問題實在太龐大、太複雜，你無能爲力。反正，你孤掌難鳴，總會有別人出面解決問題的。

沒有別人會來救我們，只有我們辦得到，世界需要我們。

大屠殺的倖存者、《活出意義來》的作者維克多・弗蘭克建議我們，別再問自己想從生命得到什麼，開始問生命想要我們怎麼做。嬰兒餓了就哭，這個世界的問題，就是世界在向我們求助的哭聲。在我們四面八方都有人在受苦，我們卻一直忽視他們的哭聲，於是問題日益嚴重，公共利益也穩定惡化。

比如要是我們沒能在三十年內擋住全球暖化的趨勢，我們還會煩惱生產力、事業發展及許許多多我們現在關切的議題嗎？當然不會。我們會忙著在攝氏四十幾度的世界保住小命，驚恐的看著人口大量死亡，懊惱我們沒有在還有機會的時候做出改變。

事實上，亞里斯多德認為，除非你為公共利益盡一己之力，否則不可能得到個人的幸福。idiot（白痴）源自希臘的 idiota。在亞里斯多德的年代，這個詞是指不願意牟求公眾利益的人。

世界上的一切問題都可以憑著我們的天賦消弭。你可以發揮自己的獨特能力，為我們共有的事物盡力，畢竟現在你明白這也會滿足你的需求。當你回應世界的哭聲，你會找到自己渴求已久的人生目的。所以愛因斯坦才會說，我們應該把世界的問題視為「提供愉快的服務以改善人生的機會」。

我們最偉大的人物都發揮了天賦，去滿足世界上的一個需求：

- 沙克，消滅小兒痲痺。
- 曼德拉，終結種族隔離。
- 艾未未，倡導人權。
- 馬拉拉，確保女孩可以受教育。

那你呢？你會幫忙解決什麼問題？你會發揮天賦去滿足什麼需求？

知名的科幻作家奧塔薇雅・巴特勒（Octavia Butler）寫了一系列的寓言故事，年代設定為二〇二七年，描述一個被氣候變遷重創的世界。在一九九〇年代，一場寓言系列作品的簽書會上，有位學生上前問她：「妳相信妳寫的未來會成真嗎？」巴特勒指出氣候問題不是她捏造的，她只是想像了如果我們不想想辦法，以後問題會演變成什麼樣子。學生問那我們要怎麼解決問題。她回覆：「沒有萬靈丹。但答案呢——至少有幾千個。你可以是答案之一，如果你願意的話。」

這種雙向的需求讓我們緊密相繫。你要在這個世界生存，唯一的辦法是接受別人的扶持，而你要在這個世界蓬勃發展，唯一的辦法是扶持別人。

世界最偉大的目標

在一九五〇年代，有一年夏天，二十二個男孩被送進一個夏令營，他們受到暗中的觀察，營地的輔導員會記錄男孩們的行爲，而輔導員實際上是社會科學的研究員。

男孩們分成兩組。他們搭了不同的巴士抵達，不知道還有另一組人存在。兩個小組各自建立了團隊情誼，一組給自己命名爲響尾蛇隊，另一組則是老鷹隊，兩組各自設計隊服、製作隊旗。

一週後，研究員讓兩組人見面，把男孩們嚇了一跳。研究員舉行一場響尾蛇隊跟老鷹隊的比賽，瞬間挑起他們的競爭意識，導致他們互罵髒話、燃燒隊旗。

然後實驗的眞正目的來了。研究員可以讓兩組人團結起來嗎？首先，他們讓男孩們花時間相處，結果無效；兩組人在一起用餐時，拿食物攻擊另一組。

然後研究員給男孩們一個無法由一組人搞定的問題。研究員斷絕了營地的飲用水，聲稱供水設施遭到「人爲破壞」。響尾蛇隊跟老鷹隊各自調查，同意問題是水龍頭阻塞，合力修復。

接著，研究員讓男孩們租借一部電影——但租金太高，一支隊伍付不起。響尾蛇們和老鷹們熱烈協商後決定，合資租了電影。那天晚上，男孩們第一次同意一起坐下來吃晚餐。

幾天後，男孩們去露營，響尾蛇隊坐一車，老鷹隊坐另一車。到了營地，研究員暗中弄壞了其中一輛車。男孩們合力拉著繩索，以重新發動引擎，在成功後一起慶祝。在最後一夜，男孩們圍著營火一起取樂。他們返家時搭同一輛巴士，坐在一起，不再劃分爲響尾蛇隊和老鷹隊。

一個共同的目標可以讓一群人團結起來，發揮驚人的力量。這一招曾用在讓開戰的國家恢復和平，消除不同群體間的衝突，伴侶協調出妥協方式。

現在我們有很多人在追求一己的目標，而不是共同的目標。記住我們在第一章說明過，你有一個主導一切行動的大目標——你的個人幸福。

在舊幸福的世界觀中，你追求個人幸福的目標，不利於我追求個人幸福的目標。我們必須擊敗另一個人，我們之間才會有一個人得到幸福，我必須比你更優秀、更有成就，我要擁有比你更多的事物。我們相信你我是分離的，致力於個人幸福，即使要犧牲別人。

但我們是相連的，所以那樣是行不通的。這就像兩人三腳的賽跑遊戲，當你跟別人綁在一起，你們必須向同一個方向奔跑，不然你們會跌倒。所以我們才一直跌倒，跌了一跤又一跤，拖著我們的同胞在泥地上跑。

這種兩人三腳的賽跑以更大的規模，發生在全世界、在各個城市、各個國家、在我們與大自然的關係中。「沒人會爲了邪惡而選擇邪惡。」作家、哲學家、行動主義分子瑪麗·沃斯通克拉夫（Mary Wollstonecraft）如此教導我們。「他只是誤以爲那是他在追求的幸福與良善。」**很多人傷害別人並不是故意的，他們甚至不知道自己傷了人。他們那樣做，是以爲自己會因此幸福**。

我們都綑綁在一起，參與一場有一百二十億條腿的兩人三腳賽跑，完全仰賴彼此，卻假裝沒那回事。那有什麼共同的目標，可以幫助我們一起行動？

幸福，人人有份的幸福。一個更幸福的世界。

因爲現在你知道：我只有幫忙你得到你的幸福，我的幸福才會降臨。當我發揮天賦去幫你，我會快樂。當你發揮天賦來幫我，你會快樂。

奉行新幸福之道，你不只爲自己開創了幸福，同時也開創了別人的幸福。

這個共同目標讓你我可以搭著彼此的肩膀，朝著同一個方向移動，邁向一個人人各取所需、得到幸福的世界。

所以愛因斯坦才會說，揮灑天賦的結果是「最昌盛的蓬勃發展。」

在最後幾章，我們會討論開始分享天賦的三種管道：透過工作、在你身邊的群體、廣闊的世界。

現在，在太空的某處，太空人們在遙望我們的星球。他們可能會經歷到全景效應，省思我們對彼此的責任。或許他們會疑惑：「我們要如何解決全部的問題？」他們不知道自己在你的上空漂浮，而你正要開始改善世界。

本章重點

- ◆要發揮天賦為世界服務，就要跟世界連結。
- ◆第一步是抽離你的個人身分，從「你」轉為「一個人類」。
- ◆好好留意世界如何扶持你、幫助你生存並保持安康。
- ◆要建立終極的幸福，想辦法也為世界的幸福安康貢獻一番。
- ◆當你奉行新幸福之道，你不只在為自己開創幸福。你也是在為所有人開創幸福。

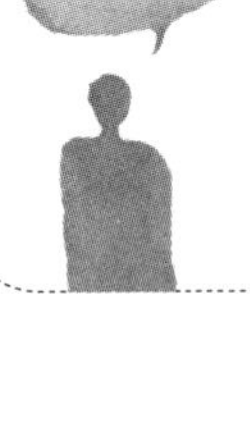

第十五章
工作：沒人告訴過你的完美工作

二〇一三年，在《每日秀》（*The Daily Show*）擔任新聞特派員的喜劇演員約翰・奧利佛（John Oliver）展開一項新的工作企劃，調查澳洲如何施行槍枝管制法的系列報導。在那之前幾個月，桑迪胡克小學（Sandy Hook Elementary School）發生槍擊案，死了二十六人，大部分是六、七歲的孩子。

在這項企劃中，奧利佛採訪了羅伯・博比奇（Rob Borbidge），他以前是澳洲昆士蘭州的州長。博比奇是通過槍枝管制法的推手，但他付出了慘重的個人代價，競選連任失敗，政治生涯基本上因此結束。博比奇告訴奧利佛那無所謂，他知道自己做了正確的事。「有一些澳洲人可以活到今天，是因爲我們那樣做。」他說。「一條人命的價值是多少？」

奧利佛問博比奇，他認爲怎樣才算在工作上成功。他回答：「政治人物要是讓社會更美好，就算成功了。」

返回美國，奧利佛問了吉姆．曼利（Jim Manley）一模一樣的問題。曼利是內華達州參議員哈利．瑞德（Harry Reid）的高級幕僚，他的答案很不一樣：「成功是連任成功……要是不能連任，你就只是在政治的道路上被車撞死的傢伙，你不過是另一個失敗者。」

成功就跟**幸福**一樣，也是被我們的世界觀偷天換日的詞。這個詞本身並沒有定義什麼是成功。它的意思只是「達成某個目標或目的」。

按照舊幸福的世界觀，成功是曼利所說的那樣——贏。原來，贏，甚至比預防孩子們跟教師在學校喪命更重要。

舊幸福要我們把工作視爲競爭。我們要爭奪最棒的工作，努力把那些工作做到頂尖，才能爭奪到下一份最棒的工作。企業不惜一切要在市場上勝出，即使那會傷害人類或地球。這種競賽的贏家會登上神壇，得到道德典範的美名，儘管他們取得勝利的手段通常並不道德。他們得到了金錢、權力、影響力與主宰別人的赤裸裸的權利。

那麼敗陣下來或不能競爭的人呢？噢，那就是他們不夠好。他們「辦不到」或「跟不上別人的腳步」。我們給他們貼上**不成功**的標籤，貶抑他們是下等人，而我們有理由害怕自己步上他們的後塵（害怕我們自己在職場被蓋上**不成功**的戳記，導致我們過勞，進而生病、與人失去連結、不快樂）。

令人心疼的諷刺之處在於，幾乎沒人想要這樣。

重新想像什麼是職場上的成功

在一項研究中，研究員設法了解大家對成功的看法。首先，他們給參與者看了一份清單，列出許多關於成功的描述，問他們是否認爲那符合別人對成功的定義。九十二％的人回覆，他們認爲別人覺得成功就是累積財富、名聲、權力，還有八十六％的人認爲別人覺得判斷成功與否的唯一標準，是拿自己跟別人做比較。

然後研究員問他們是否認爲，那些敍述符合**他們自己**對成功的定義。九十七％的參與者同意成功是追求個人的興趣與才華（發揮天賦），還有九十六%的人同意不管別人表現得如何，你都可以是成功的。

簡單說，我們都認爲別人在職場上抱持舊幸福的立場，然而實際上，每個人都想要新幸福。**眞正的成功是發揮天賦**。

我們人生在世，總把別人往壞處想，再憑著自己給別人虛構出來的形象在制定體制，而體制防礙我們發揮天賦，阻斷幸福。我們不是只能那樣。大部分人想要不同的生活；我們可以吐露心聲，在自己的工作地點引發改變，不論那是朝九晚五的職務、打工、季節性的差事、你自創的工作、照護、親職。

你可以利用兩個厲害的辦法，開始在工作中發揮天賦，改造你目前的工作，或是找一份更適合你天賦的工作。

改造你目前的工作

加護病房是世界上壓力最大的工作環境之一。工作步調快，工時長，風險又高到極點。

胸腔科醫師菁・內維爾（Thanh Neville）以前在加州大學洛杉磯分校（UCLA）的加護病房工作，待了幾年後她才意識到一件事，死亡是他們最常開出的診斷之一。大約每五位重症病患就有一人沒保住性命。

一天，內維爾在期刊上看到一篇報導，一間加拿大的醫院實施了三個遺願專案，由臨床醫師為病患及其家屬批准三個臨終願望。內維爾意識到這可以造福她那五分之一的病患，便申請比照辦理。

病患的願望不一，有人想吃最喜愛的餐點，有人希望全家在病床邊團聚，有人想要米老鼠。其中一位護理師靈光一閃，想到他們可以採集病患的指紋，製成鑰匙圈。內維爾告訴我：「每次我在事後遇到家屬，問他們：『還記得那個鑰匙圈嗎？』他們都會拿起來說：『妳說這個嗎？我一直隨身帶著。』」

三願專案結合了內維爾的醫療才能、她從期刊報導取得的智慧、她在加護病房的工作、她的惻隱之心。她告訴我，實施三願專案讓她生活愉快，覺得人生有意義多了，心滿意足。「我很開心，現在我能為病患做的事比以前要多得多。我更強烈的意識到，愛是人生最重要的事。」

內維爾告訴我三願專案協助的第一位病患的故事。他是年輕的男性，器官衰竭，靠維生系統存活——已婚，剛搬到聖摩尼加（Santa Monica），熱愛戶外活動。想到要看著他在病房的四面牆壁裡死去，他的太太就嚇壞了。醫療團隊想了一個辦法，將他移到病房附近的露臺。內維爾給他太太一條毯子，方便她跟先生一起窩在病床上。日落時，內維爾拆掉他的呼吸器，他就過世了。醫療團隊的每個人都哭了。

四年後，內維爾收到校方發展部門的一封電子郵件，說有人捐了一大筆款項給三願專案。那年輕人的妻子已經再婚，她與新丈夫捐這筆錢，確保其他的病患可以跟家人一起實現遺願，明白在人生難以承受的時候，這樣的協助有多麼必要。

在推動三願專案之前，內維爾已經透過工作在助人，就像你已經在自己的工作中助人。她提升了助人的等級，重塑了她的工作，用令人心滿意足的新方式施展自己的天賦。

這就稱爲工作重塑，最早由心理學家艾美・瑞斯尼斯基（Amy Wrzesniewski）和珍・杜登（Jane Dutton）提出。研究顯示，重塑工作不僅讓人更快樂、緩解壓力，甚至提升你的工作表現，儘管你其實不是在做「分內事」。

要是覺得重塑工作的說法很可怕，要知道你已經有經驗了。身爲獨一無二的人，不管你從事什麼工作，你面對工作的方式永遠都是獨一無二的。

你也在職場以外的地方有大量的重塑經驗。例如：

- 你想要開始運動。你先用跑步機來跑步，但不喜歡，就開始出門騎單車。
- 你需要修一門商業課程才能畢業。你選修了經濟學但覺得太無趣，於是就改成行銷學。
- 你想要戀愛。你不喜歡去酒吧、夜店找對象，就註冊了交友軟體。

總是有障礙擋在我們跟目標之間，我們已經很習慣繞道而行，找新的路。重塑只是「發揮創意解決問題」的另一種說法。應用在職場上，就是讓你目前的工作改頭換面，變成令你喜悅的樣子。

工作混合了下列活動：

- 日常勤務：請款、收銀、補貨。
- 長期事項：每週會議、寫客戶報告、業務拜訪。
- 人際關係：與人類同胞互動，例如：同事、經理、顧客。
- 特殊事項：做出一項產品、開發新市場、品牌重塑、承接一個案子或客戶。

如果你在家庭裡提供服務也一樣：

- 日常勤務：清潔、餵食、分藥。
- 長期事項：購買消耗品、安排預約的時段。
- 人際關係：與你照顧的人交流。
- 特殊事項：爲你家孩子找新的學校、開始執行新的治療方案。

我們來看看以上每一項要如何重塑。

重塑工作內容

我查資料的時候，看到嚼嚼（Chewy）寵物食品公司一位客服人員的事蹟。安娜的寵物剛剛逝去，她聯絡嚼嚼公司，詢問能不能退還尚未拆封的寵物食品。客服給了她全額退款，請她把那些食品捐贈給動物收容所，還送了她一束鮮花。安娜在網路分享自己的經歷，得到許多類似的回應：嚼嚼公司提供這樣的客戶服務已經很久了，有時甚至為辭世的寵物寶貝訂製畫像。

這支服務團隊有一項任務——回應顧客的需求。但他們採用了需要發揮人性天賦的方式，疼惜顧客的痛苦，帶著愛走出下一步。

公式是：任務×天賦。你要如何轉變任務才能讓自己跟大家都更幸福？

下一次你工作時，只要從日常勤務裡挑出一項，套用以下的公式：

- 業務拜訪×人性＝盡量跟每個人進行簡短但有意義的對話。
- 帶課×天賦＝在講課時發揮你的幽默天賦，用笑話幫助學生記住課程重點。

● 更新現狀 × 智慧＝善用以前的相關經驗，預測可能遇到的提問，主動答覆。

也可以把天賦統統搬出來用，這時就套用任務 × 各種天賦的加強版公式。

麥可・康斯塔立（Michael Konstalid）是物理治療師，在紐約市教育部門服務，協助孩子們改善運動能力。

康斯塔立有三項獨特的天賦：看著父親承受神經肌肉方面的問題給了他人性，明白某些協助的效益有多大則是他的智慧，還有他從父親那裡學來的木工才華。康斯塔立想到他可結合這些天賦，爲他服務的孩童製作量身訂做的家具，比如爲一位有運動神經元疾病的女孩打造一個座位，方便她跟同學一起坐在地上。

他到職第一年做了八十件特製的作品，一律免費，全都是用回收家具或廢棄家具做的。他描述爲某個孩子做家具的影響：「我看到她在班上使用我的作品，我明白自己直接改善了她的生活，她的日子舒服了一點點，照耀在她身上的光明亮了一點點。」

重塑你的人際關係

我的朋友瑪麗雅是做數據管理的。這份工作她做得不開心，但家裡孩子們還小，就不急著找新工作。我建議她重塑工作，好好發揮她的人性天賦，跟同事打好關係。

瑪麗雅很內向，就從小處著手。她決定每次離開座位的時候，比如去上洗手間或去茶水間，都要停下腳步跟人打招呼。最初幾次，大家很訝異她會停下來和人說話。但久了以後，這項舉動讓她跟全公司的人都有了交情。

沒幾個月，瑪麗雅成了公司的「靈魂人物」，這都多虧了她嶄新的人際網路。她很驚訝這麼簡單的做法可以帶來這麼大的改變，「現在我真的很愛上班，儘管日常的工作項目沒有變，感覺卻像截然不同的新工作。我甚至因此成了更棒的母親和伴侶。」

效法瑪麗雅，開始在日常的工作裡發揮人性天賦。下次跟人互動或開會，便動用你的人性，執行下一項愛心行動？

重塑一項任務

幾年前，加州希爾茲堡（Healdsburg）西城小學（West Side Elementary School）的校長打電話給潔西卡·馬丁（Jessica Martin），一位專門用複合媒材進行創作的藝術家。校長問她能不能來學校帶一門新的藝術課程。馬丁有些害怕，但決定豁出去。不到兩週，學校的師生群便讓她神魂顛倒。

二〇二〇年，馬丁思索如何教導學生們有愛心。她找了另一位老師阿舍拉·魏思（Asherah Weiss），兩人討論出了建立「愛心熱線」的點子。

馬丁和魏斯詢問學生們關於愛心的問題，錄製他們的答案供熱線使用，他們命名為「打氣熱線」。如果可以的話，拜託你，現在就打下面的電話親自聽一聽：1-707-873-7862。熱線給了來電者幾個選項：如果你很生氣、挫敗、緊張，按一。如果需要鼓勵與人生建議的話，按二。如果你需要加油打氣，按三。

如果你按了二，你會聽到孩子們鼓勵你撐下去的錄音：

「感謝你自己。」
「老兄，去狂歡！」
「做自己！」
「跟人不一樣也沒關係。」
「有你在，世界更美好。」

打氣熱線一炮而紅，上線三個月便接到超過五百萬通電話。

沒人把「設計一支熱線」列爲馬丁或魏思的工作項目。你也可以想出一個會令你開心又對世界有益的計畫。問自己以下的問題來腦力激盪：

- 如果我是這間公司的老闆，我會啓動什麼企劃？
- 什麼企劃會讓我的工作更有趣或有意義？
- 我認爲怎麼做，更能夠照顧我們服務的對象？

讓你的工作**爲你效勞**，每個人都受益。

我跟馬丁談打氣熱線的時候，發現一件令我起雞皮疙瘩的事。她這項企劃的靈感來自她的朋友，藝術家蘇珊．歐馬利，就是十三章提過的那一位。馬丁想要幫忙實現歐馬利的夢想，打造一個有愛心的世界；在這個過程中，她幫助了數百萬人。看吧，發揮天賦會引發漣漪效應，帶來超乎想像的效果。

找一份你能施展天賦的新工作

傑西．米利肯（Jesse Milliken）在耐吉公司（Nike）服務了十五年多，掌管高爾夫球鞋與網球鞋的部門，而他心煩意亂。他不知道自己要什麼，只知道他不滿足於現狀。他被那些情緒淹沒的時候，他也正看著駭人的火勢吞噬他的故鄉奧勒岡州。他意識到他想要發揮天賦，爲氣候變遷想想辦法。

他思索起自己在耐吉公司建立的才能：設計鞋款、管理供應鏈、推動計畫。他的妻子梅根從事企業永續經營的工作，擁有豐富的相關智慧。他在想，或許他們可以攜手做點什麼。

一天，他的智慧捎來了一個靈感，他想到自己的三個小孩發育得那麼快，很多衣服都很快就不能穿了。原來，每年都有一億八千三百萬件兒童穿不下的童衣被扔進垃圾掩埋場。他們可以設法改善。

米利肯夫婦創立了毛茸茸小兄弟（Woolybubs）公司，從環保嬰兒鞋踏出第一步。一般的嬰兒鞋在垃圾掩埋場要五萬年到一千年才能分解，但他們的鞋在沸水裡煮不到四十五分鐘就可以完全融解。

在你的人生裡，或許有些時候你會跟米利肯一樣，覺得需要從工作得到更多收穫。我知道這可能很難，但這也值得歡慶。那是一個訊號，表示你已經準備就緒，可以迎接更壯大的你。

栽種植物的時候，你從小盆子開始種。你細心照顧，植物越長越大，根系在土壤裡擴張。要是不小心，根系會占據整個花盆，無法從土壤取得養分。植物可能因此瘦弱，甚至死亡。

你發揮天賦的時候，也會經歷類似的成長過程。遲早，你的根系會擴張到無路可走，到時就要把自己移植到更大的新花盆。

不妨這樣想：**你的工作不是你的志業。你真正的志業是做自己、貢獻自己，這才是成功的真正要義。工作只是目前輔助你投入志業的一個地方。當工作不能再支持你，就要換新的工作來灌溉你的志業，延續你的成長**（或是找到在工作之餘繼續成長與奉獻的新辦法，這是隨後兩章的主題）。

千萬不要把你最赤誠的忠心託付給工作，務必把你最崇高的忠誠用在做自己、貢獻給自己的志業。

養成確認個人狀態的習慣，問自己：「這份工作是不是能幫助我做自己、貢獻自己？」如果不是（而且一直不是），那就是你需要尋找新花盆的訊號，你要換個新花盆，持續擴展你的根系、不斷成長。

怎麼做？

新聞工作者都要學會使用「新聞工作的 5W 及 1H」，那能協助他們判斷一條新聞的 who（人物）、what（主題）、when（時間）、where（地點）、why（原因）、how（做法）。

要尋找或開創一個能夠發揮天賦的工作，也可以用相同的思考架構：

- **What**：你最想運用哪些天賦？選擇目前你覺得最愉快，或最有意義的天賦。要特別留意你的智慧天賦及人性天賦，這兩者都是工作時很容易忽略的項目。
- **Where**：你的天賦在哪些地方會得到重視與欣賞？找出哪些行業或職務，可以從你整個人的本性、知識、能力而受益。挑戰你的腦力，想想不在你目前環境裡的地方。
- **Why**：有沒有更重大的「爲什麼？」讓你想要效勞，像米利肯想爲氣候變遷做點事。
- **Who**：你曉得誰可以協助你探索這些機會嗎（你認識的人、線上資源、業界的專家、精神導師、甚至是陌生人）？
- **How**：你要如何採取行動？
- **When**：你什麼時候要做？

換工作可能令人手足無措。下一節的竅門可以幫上忙，不但可以把換工作的過程拆解成你做得到的步驟，還可以讓你契合自己認知中的成功。

以付出為最高指導原則

傑拉尼．梅莫里（Jelani Memory）在高中時代，得到「最可能成為年度模範父親的人」的提名。

二十年後，他已經創立了童書出版公司，取名為小朋友公司（A Kids Co.）。梅莫里的出版物都有一個明確的宗旨，讓孩子們可以跟生活圈裡的大人進行重要的對談，培養獨立自主的能力，主題從同情心、到校園槍擊、到沒能及早發現疾病、到離婚、到死亡，不一而足。他們售出千千萬萬的書籍，一邊賣書，一邊促成千千萬萬次照護者與孩童的對談，提升談話的品質。

十四歲時，梅莫里有了第一個外甥女，升格成為舅舅。他很訝異自己居然很喜歡當舅舅，天生就是當舅舅的料。梅莫里不知道有爸爸的滋味；他爸爸在他四歲時離開了妻兒。他告訴我：「聽到別的小孩說他們有一個會在院子陪他們打籃球的爸爸，就像聽到外星球的新聞報導。」他媽媽是護理師，必須一直工作才能養家，只有少得可憐的時間可以跟小孩談論重要的話題，比如恐懼或挫折感。

梅莫里長大了，建立自己的家庭，有自己開設的圓傳媒（Circle Media），供他發揮行銷及領導力方面的天賦，協助家長管理小孩上網的時間。

一天，他思索著要怎麼跟兒女談論種族歧視的議題。他花了一星期，爲兒女寫下自己的故事、見解、指引。他只印了一份，選擇了一個標題：《小朋友的種族歧視入門書》（暫譯，*A Kids Book About Racism*）。他拿給兒女看，他們的第一反應是：「爸，你要多印幾本！」

他們的反應啓發了梅莫里創立小朋友公司。到頭來，他的高中同窗還是猜對了——對了一部分。他不僅注定要成爲年度模範父親。他還注定是**協助其他家長**在家裡成爲年度模範父母的人。

梅莫里告訴我，不管做什麼事，他都覺得把付出當做最高指導原則很重要，他說：「我盡力在生活的各方面付出。我時常思考要怎麼在職場、群體、感情以及與兒女的共同生活中，都做到這一點。」

我問他：「這樣的生活態度，對你的幸福有什麼影響？」

他的答覆**很明確**：「這對我的人生影響非常大。我天生鬱悶、天生悲觀、天生憤世嫉俗。我爲人付出的時候，立刻充滿喜悅與精力。那改變了一切。」

無論你從事哪一行，梅莫里的智慧都是有力的指引。許多工作上的事不受我們掌控，但我們永遠可以掌控自己看待那些事的角度。梅莫里說得好，我們可以學習把自己的工作，當做是**爲人**付出的管道。抱持這樣的觀點，日常事務與互動都可以是喜悅的時刻。

原來，工作是完美的幸福泉源：工作是我們互相依賴的最佳例子，是我們可以隨時付出，也隨時受到別人照顧的管道。朋友捎來驚喜，在你生日時送來的漂亮蛋糕？那是你們當地烘焙坊的師傅發揮精湛手藝的成果。還有你今年夏天去了國家公園，在那裡對美景讚嘆不已，留下終生難忘的回憶？國家公園是由一群政府員工與志工付出愛心來管理的。你掛在牆上的畫、讓你笑到流淚的電視節目、你週末騎的單車，全都是大家在工作中發揮天賦的成果。

輪到你跟大家分享天賦了。一旦你分享了，你會親自體驗到，那是世界上最棒的成功形式。

本章重點

- ◆你可以否決舊幸福對成功的定義，自己給成功下定義。
- ◆工作是你開始與世界分享天賦的完美管道。
- ◆重塑你的工作：套用工作項目 × 天賦的公式，把人性天賦用在你的職場人際關係上，承接可以讓你發揮天賦的工作項目。
- ◆如果你需要新的環境來擴展自我，使用「5W 與 1H」的技巧來腦力激盪，找出新的職務項目與可能性。
- ◆把付出視為工作的最高指導原則，你會一直都很成功。

第十六章

群體：我們千絲萬縷的共同關係

一天晚上，哈拉杜爾・托萊夫森（Haraldur Thorleifsson）跟妻子及兩名稚齡子女一起出門，在冰島雷克雅維克的鬧區散步。他的三歲兒子渴了，他們在街角找到一間便利商店，進去買飲料。但托萊夫森沒有跟妻小一起進去。因爲店門口有臺階，而他坐輪椅。

家人進了商店，他獨自坐在外面。他告訴我：「我想到自己有無數次，必須在家人去做別的事情時自己坐在外面。我想到自己有無數次不能參加朋友的聚會，因爲我進不了咖啡館或餐廳。我還想到我們坐輪椅的人，一旦輪椅坐久了就不會想出門，因爲一直遇到障礙物實在太難受了，所以我們慢慢退出正常的生活。」

當時托萊夫森是推特公司的設計領導人，最近搬回了祖國冰島。他經常出國，見識過國家的權柄，知道國家可以打造出無障礙城市，只是很多國家選擇不去做罷了。他決定開始推動「冰島坡道計畫」（Ramp Up Iceland），要在雷克雅維克的鬧區建一百條無障礙坡道。七個月便全部完工，基本上改變了雷克雅維克的城市文化。許多人紛紛現身，說那是他們幾十年來第一次可以坐輪椅到鬧區，可以光顧他們一直很想品嘗看看的餐廳。現在坡道計畫的規模擴大了，他們要在冰島各地興建一千五百條坡道。

看了托萊夫森的實例，你也可以開始在自己居住的地方施展天賦。

爲什麼我們要照顧鄉親

幾百年前，一位名叫威廉・福斯特・勞埃德（William Forster Lloyd）的作家出版了一本小冊子，描述要是大家共享公共資源的話會怎樣，比如一片牧人給牛吃草的土地。他認爲大家會做出符合自身利益的決定——以此例來說，就是讓更多的牛在這片共有的土地吃草。長期下來，土地會被牛啃到寸草不留，毀掉土地本身。人人皆輸。一九六〇年代，一位名叫加勒特．哈丁（Garrett Hardin）的生態學家（其實也是優生學家）延續勞埃德的討論，讓這個主題廣為周知，稱之為「公地悲劇」。他認為不能相信一般人具備獨立管理資源的能力，主張只有兩個解決辦法：土地私有化（支付酬勞來讓人管理土地），或是政府管制（由政府設置土地管理法規）。

公地悲劇流傳下來，大家信以為真，然而公地悲劇的主張其實不精確，這是政治科學家伊莉諾．歐斯壯（Elinor Ostrom）發現的（並因此得到二〇〇九年的諾貝爾獎）。哈丁對人類的自私抱持悲觀的看法，並沒有說服歐斯壯。她去訪察自行管理公共資源的地方社區，想了解他們的做法有哪裡不一樣。在調查過程中，她發現我們確實有可以把公眾都照顧好，人人得益。

歐斯壯聚焦在自然資源，例如：森林和漁場。我一直認為，她的見解也可以一體適用在照顧我們所有的公地，例如：眾人聚集的社區就屬於每個人，而每個人從中得到歸屬感。

認領你的群體

不管往哪裡看，我都看到有人渴望知道自己很重要、知道有人需要自己、知道自己屬於一個更大的群體。

歸屬感是人類的核心需求之一，跟各種好處有關，諸如身心健康、促進感情關係、成就。研究顯示，在互信程度高的地方生活，可促進你的個人幸福。跟地方的關係很緊密的人，遠比關係薄弱的人幸福。那甚至會提升你的韌性，在天災過後，居民互相信賴的地方比較少出現心理問題，恢復原狀的速度也快很多。

你已經屬於很多群體了，只是你可能視爲理所當然。

你不僅屬於廣大的人類網絡，也屬於人類網絡之內的許多群體，例如：你的城鎮；你的單車社團或打毛線的小圈圈；你的寺廟、教堂、清眞寺、謁師所；你的瑜伽教室或遛狗公園；你的聊天室；你的成長團體；你的社交媒體圈。有千絲萬縷的人際關係，將你跟許許多多的人及身邊的群體串聯在一起。

要建立更大的歸屬感，第一步是認領我們已經是成員的群體。這很簡單，你看看四周，說「那是我的成長團體」、「那是我的社區」、「那是我的圖書館」、「那是我的學校」。這樣做，便可以調整心態，不會背棄別人，而會照顧他們。

在一項研究中，研究員在一座平時有人划船的湖泊扔垃圾。民眾去租船的時候，會被詢問他們要不要參與一個小小的實驗。如果他們答應了，有半數的人必須在划船之前，先幫這座湖取一個暱稱。幫湖取了暱稱的人，四十一％撿了垃圾；沒取暱稱的人，只有六％去撿。

認領某件事物，會讓你內心覺得自己有所有權，改變你對那件事物的看法與對待方式，幫助你在看著自家地盤時，想法從「應該有人去處理那個情況」，轉換成「那是我的地盤；我可以想辦法做點什麼。」

這正是托萊夫森做的事。他宣告雷克雅維克是他的地盤，承擔起照顧地盤的責任。他讓自己成爲那個應該做點什麼的人。

你的群體需要的人就是你

你小時候有沒有在球池玩耍的經驗？球池是一個鋪著軟墊的寬大遊戲空間，裡面裝滿了五顏六色的大量塑膠球。

我們這個世界的重大問題，比如氣候變遷、種族歧視、公共衛生、貧窮等等，每一項就如同一座獨立的球池。這些球池裡的塑膠球，則代表這些問題在地方群體的表達形式。

「建立無障礙的世界」的大球池裡面裝滿了許多不同的塑膠球，球上的標籤寫著「讓雷克雅維克無障礙」、「讓洛杉磯無障礙」、「讓孟買無障礙」，也有其他的球，比如「保障身心障礙者在工作場所的權利」、「提高媒體曝光率」、「讓商品易於拿取」。

托萊夫森將手伸進球池，取出影響他家附近地區的那一顆，他在那裡長大成人，有現成的人際關係，他了解當地的文化與需求。那是他可以設法做點什麼的球。他告訴我：「世界成了現在這副德性，是因爲有人認爲世界應該如此。所以說，你可以決定世界應該換個樣子。」

這是歐斯壯在研究中歸納出來的一條重要原則。解決地方問題的最佳方式，是讓在地人士發揮天賦，找到在地的解決方法。我們可以追隨托萊夫森的腳步，如果我們追上去了，總有一天，會清掉全部的塑膠球。

我做研究時，看到墨西哥市怎樣實踐這條原則的報導。墨西哥市人口有九百萬，七十%的人會搭乘公共汽車，公車每天發車一千四百萬車次。但他們沒有公車路線圖。墨西哥市的人必須透過朋友、家人、鄰居，問出如何在城裡從一地搭車到另一地，抵達自己的目的地。

墨西哥市的市長在市政府設置了智庫，稱爲墨西哥市實驗室，由嘉貝拉．戈梅茲—蒙特（Gabriella Gómez-Mont）主持，她是記者、藝術家與紀實小說作者。當市長爲了這個問題找上嘉貝拉，嘉貝拉分享了她的智慧天賦，他們的最大優勢是墨西哥市的市民。要是可以集結民衆，汲取民衆的集體天賦，或許他們可以解決這個問題。

實驗室製作了一款數位遊戲，邀請民衆在搭乘公車時遊玩。他們可以「畫」自己那一班車的路線，賺取點數來兌換不同的獎勵，然後他們將路線圖輸入公開的數據庫，城市規劃師就可以拿來繪製公車路線圖。超過四千位民眾共襄盛舉，僅僅兩週就完成了完整的公車路線圖。

繪製地圖的傳統做法是讓外地人負責，會用上幾百萬美元的經費。而實驗室的辦法呢？不到一萬五千美元。

地方民眾實在太常小看自己的獨特天賦，沒把天賦當一回事，認爲他們沒什麼了不起的。這背離了眞相十萬八千里。憑你的人性、才能、智慧，還有誰比你更合適？你是解決你們在地問題的最佳人選。你只要找出需要你發揮天賦的地方就行了。

阻礙幸福的地方在哪裡？

麗莎．湯瑪斯—麥克米蘭（Lisa Thomas-McMillan）大半輩子都在協助飢餓的人。有一回，她從位於阿拉巴馬州布魯頓（Brewton）的自己家出發，步行一百八十四公里到蒙哥馬利郡（Montgomery）見郡長，親自送上一封信，說明爲什麼他們需要爲飢民提供更多的支援。之後，她覺得這樣不夠，又一路走到華盛頓特區。她走了五十三天。她的人性天賦很強大。

一天，湯瑪斯—麥克米蘭看到一則報導，搖滾歌手邦喬飛開設的邦喬飛靈魂廚房(JBJ Soul Kitchen)贈送免費餐點給任何餓肚子的人。這點燃了她內心的某個東西，她也要這樣做。

二〇一八年，她跟丈夫佛雷迪發揮天賦去實現這個畢生夢想，創立只收捐款的卓克索與蜜蜂餐廳（Drexel & Honeybee's），地點在阿拉巴馬州布魯頓的鬧區。她發揮自己了不起的主廚天賦，丈夫則體恤的從零開始重新裝修餐廳。

人人都可以用餐，不管你能支付什麼。在餐廳大門外有一個捐款箱，如果你付得起餐費就投進去，如果你想出資贊助別人用餐也可以。湯瑪斯—麥克米蘭說，捐款箱裡時常出現紙條，寫著：「要不是有這間餐廳，我今天就沒東西吃了。」

布魯頓的居民一開始覺得這間餐廳可疑；現在客人從全美各地慕名而來，想見識湯瑪斯—麥克米蘭施展天賦的成果。她告訴我：「早上起床、出門到餐廳、開始準備食物，是世界上最美妙的滋味。」她承認經營餐廳不是一帆風順，但她說始終很愉快。「即使我遇到挫折或覺得疲憊，喜悅卻一直都在。那是極致的幸福。」

湯瑪斯—麥克米蘭的事蹟提醒了我們，每個人的幸福都取決於更廣泛的共同需求：安全與保障；住宅、食物、水；人人都能就學、就醫等等的制度；經濟機會與財務穩定性；支援系統；做自己的自由。要是缺少這些事物，就會阻礙人的幸福。

今天，你在自家地盤上跟人互動時，看看有什麼事情阻礙了幸福，那可能就是需要你施展天賦的地方。

在你的地盤上，有沒有人……

- 飢餓、無家可歸、不安全、生病？
- 難以求職或求學，或無法得到體制的照顧？
- 覺得寂寞或孤獨？
- 無法取得資源或支援？
- 受到歧視或迫害？

照顧鄉親的意思是設法爲你身邊的人滿足這些需求，明白一旦他們得到需要的支持，就可茁壯起來。

另一個有力的實例是琪雅塔．敏西．帕克（Keyatta Mincey Parker），她在亞特蘭大是得過獎的精釀酒酒保。疫情來襲時，她看到美國餐飲業的同行有無數人被裁員，包括她的很多朋友與同事。

幾個月前，敏西．帕克在亞特蘭大得到一片四分之一畝的土地，打算成立一座菜園，發揮她在賴比瑞亞的時候向外婆及母親學來的本事。她很快便意識到菜園可以用來支援同行，他們很多人快要負擔不起生計了，難以調適疫情的挑戰。

她將菜園命名為啜飲天堂（A Sip of Paradise），定位是亞特蘭大酒保同行的小天地。「我想要一個可以跟朋友一起玩泥巴的地方。」她告訴我。「菜園給人一個做自己的機會，大家可以來發洩、散心、出門走走、放下電話。」之後，菜園擴展業務，變成澈底的非營利單位，他們有肢體律動及正念的課程，有跟其他同行切磋交流的活動，還有協助成員找到好工作的資料庫。

敏西．帕克知道自己是「那個做事的人」，察覺同業的幸福受阻了，便伸出援手。這個選擇也幫助了她：「看到我們在同業之間發揮影響力的滋味很美妙。我的心靈空間漂亮多了。因為我真的在做自己樂在其中的事。我很快樂，因為我在跟朋友一起做好事。」

你不必開餐廳或菜園就可以照顧你的鄉親。也可以是很小、很日常的習慣。我有一位住在洛杉磯的朋友，叫布萊恩。他從小熱愛環境。他說母親教導他要熱愛自然、照顧自然，他告訴我：「我學會了如果你喜愛大自然，照顧大自然就是你至關重要的大事。」在我們很多人眼裡，路邊的垃圾是隱形的。但對布萊恩來說不是。他晚上跟妻子去散步時，會帶一支夾垃圾的長夾、一個空的垃圾袋，邊走邊撿垃圾。

我們能一起做什麼？

科爾奎特（Colquitt）是喬治亞的小鎮，三十年前陷入困境。當地的縫紉工廠歇業，工作在消失，居民在外流。當地人嬌伊．金克斯（Joy Jinks）是這樣說的：「那是一種災星罩頂跟死亡的感覺……店家關門……沒人停車……到處都沒人。」沒人知道如何是好。

一天，金克斯偶然認識一位念戲劇研究的博士生，名叫理察．基爾（Richard Geer），他提出一個大膽的點子：他相信藝術可以療癒地方。基爾想知道，要是我們收集科爾奎特鄉親的眞實故事，製作成音樂劇的話會怎樣？可以拯救這個小鎭嗎？

反正試試也無妨，金克斯便邀請基爾在科爾奎特測試他這浩大的點子。他們將這齣戲取名爲《沼澤肉汁》（*Swamp Gravy*），這個戲名來自居民在溪邊釣魚時烹煮的一種餐點。

講得客氣一點，居民心存懷疑。消防隊長說得好：「誰會付錢來看自己知道的事？」

上演的那一夜，簾幕升起，嬌伊焦慮的跟鄉親們坐在觀衆席，完全不曉得結果會如何。

《沼澤肉汁》大受歡迎。演出者很振奮，覺得自己有了力量；觀衆覺得有人看見了他們、受到肯定；鄉親們大團結，因爲這齣戲有了向心力。

如今，事隔三十年，《沼澤肉汁》仍在上演，這齣一年表演一次的音樂劇讓科爾奎特改頭換面。這齣戲不但給了居民分享獨特天賦的無數管道，也振興了小鎮，數以千計的人會來觀賞他們的年度大戲，一年開創超過七百萬美元的觀光消費。這筆錢讓小鎮可以興建漂亮的表演廳，也成爲小鎮的公共資源。《沼澤肉汁》的演員受邀到華盛頓特區的甘迺迪中心演出，也在一九九六年的亞特蘭大奧運表演過。

大家不像以前那樣離開科爾奎特，而是留下來，爲地方盡力。甚至有人搬家到科爾奎特爲《沼澤肉汁》效勞，比如一位舞臺監督這樣描述他們的體驗：「這齣戲給我的東西，是其他事物不會給過我的。最貼切的說法是，靈魂、家人、互相照顧。」

當鄉親們團結在一起，發揮獨特的天賦爲共同的目標努力，不同凡響的事情就發生了。看看你的鄉親們投入了哪些良善的事。你要如何加入他們？說不定他們需要懂得架設網站的人，或是擅長設計傳單的人，或是跟某一間廟宇有交情的人。說不定他們在找很會跟小朋友打交道的人，或是可以公開演講的人，或是週六有空而且願意去淨灘的人。說不定他們需要你。

你可以用以下的說詞聯絡這些組織：

我想要為地方做點事情。我很欣賞你們團隊在努力解決（問題），那也是我非常關切的議題。我有一些可以貢獻的能力，（介紹你的天賦）。如果我可以為你們組織的目標效勞，希望可以讓我知道自己要怎麼參與你們。

如果你的鄉親們沒有一起做的公益事項，現在你曉得自己要扮演的角色了，你是集結眾人的人，就像基爾和金克斯那樣。在你的地盤上，有人正在等待發揮天賦的機會。想想科爾奎特的居民，沒有《沼澤肉汁》的話，他們誰都不會有在舞臺上發光發熱的機會。他們來者不拒，因爲每個人都可以分享有意義的事物。基爾告訴來試鏡的所有人，他們必須通過一個很重要的測驗，他會舉著一面鏡子靠近他們的嘴巴，要是鏡子起霧了，歡迎他們加入演員陣容。

基爾在描述這項企劃的論文裡寫道：

劇團的鄉親們表現良好，堪稱優異，以專業的業餘聲音演繹他們的文化，傳遞當地的知識，效果好到令我震撼。我見識到了一個個的人成長了，鄉親們有了向心力。

我不得不想出以前沒有的說法，才能描述發生了什麼事。我比誰都清楚，因為接觸到在地鄉親而改變的人其實是我。我要感謝他們。

你的鄉親需要你的愛心

凱蒂・史黛拉（Katie Steller）是明尼阿波利斯（Minneapolis）一間美髮沙龍的老闆。她小時候得過嚴重的潰瘍性結腸炎，有大把的青春歲月是在進出醫院。這場病令她的頭髮非常稀薄，一天，她母親想讓她開心一點，就帶她給專業的美髮師理髮。她因此立志成爲美髮師，希望將相同的體驗帶給別人。

幾年前，史黛拉在籌備自己的沙龍時，經歷了難以承受的心理打擊。她告訴我：「我對世界感到絕望與鬱悶，陷入情緒的浪潮，招架不住那席捲而來的痛苦。」

然後她看看自己的客廳，看到準備搬到沙龍使用的幾張紅色沙龍椅。她靈光一閃。她問自己：「好，我可以怎麼做？我解決不了全部的問題，但我可以做一點什麼。」

她想到每天開車時，都會看到許多無家可歸的人。平時想到他們會令她更絕望，但今天，她決心換一個應對方式。她毅然決然出了門，上車往沙龍的方向開，看到一位她每天都會經過的男人，停車，詢問他的名字，然後說：「嘿，要不要免費理髮？我可以去拿一下工具，就在這裡剪。」他名叫愛德華，他笑著說隔天要出席一場喪禮，要是能夠理髮就太好了。

當你開始關懷鄉親，大概會見識到大量的苦難。有時會像史黛拉那樣，覺得不知所措。你甚至可能會想要抽身離去，或是當做沒看見。

如果我們想要有歸屬感，也給別人歸屬感，就要學會不同的應對方式。

想要疏遠的本能，其實是同情心的天然優點所造成的結果。當你同情一個人，你實際上是體會到他們的心情。當你看見別人受苦，便會活化大腦中負責感受痛苦的部位。於是沉痛的情緒便可能壓垮你，以致你完全無心伸出援手，或是不能在對方最需要的時候實際去幫忙。你會聚焦在自己身上（如果你曾經黯然神傷、告訴了親友、結果卻是你在安慰他們，你就曉得那是怎麼回事了）。

我們可以把本能的同情心升級成愛心，愛心會帶來動力，讓我們有力量去助人。

愛心是對一個人出現關愛、正向的情感，外加想要爲他們緩解痛苦的欲望。那是聚焦在別人身上。

馬修・李卡德（Matthieu Ricard）是佛教僧侶也是哲學家，有一項研究是請他看一些照片，照片裡的孩子們在受苦，並且要他描述同情心與愛心帶來的不同體驗。

對於同情心，他說：「同情是感受他們的痛苦，我很快就吃不消了，在精神上很疲憊，很像筋疲力竭的感覺。」

對於愛心，他的描述很不一樣。「雖然孩子們受苦的畫面跟剛才一樣鮮明，卻不再招來悲傷。我自然而然的對孩子們生出無盡的愛，也有上前安慰他們的勇氣。」

這是了不起的發現，你可以與受苦的人同在而不痛苦，而且浮現正向、關愛的情感，讓你得以幫助他們。這種從同情心升級到愛心的本事，是跟鄉親共同生活的必備技能。

要讓你的同情心升級成愛心，回想你在第十一章看過的畫面，你內心那間燈火通明的房子。想像你讓屋裡的燈光照亮你面前的人。

你不用承擔他們的痛苦或苦難，因爲那會削弱你幫忙的能力。你不用修補他們，

因爲他們並不殘破。你只需要去愛你面前的人，讓那份愛指引你的下一項行動。

這正是史黛拉的做法。從那一天起，她便在休假日帶著一張大大的紅色沙龍椅，在明尼阿波利斯來來去去，給人理髮。愛德華成爲她年資最久的客人與朋友。她以自己做得到的方式擴展歸屬感，建立自己會想要成爲一份子的鄰里。

照顧鄰里間的苦難，最後會緩解那些苦難。所以科麗塔·史考特·金恩（Coretta Scott King）才會說：「一個地方有多好，最精確的評鑑標準是看當地的鄉親們採取了什麼愛心的行動。」

本章重點

◆你已經是許多群體的一員。承認他們是你的自己人，讓你自己成為「那個解決問題的人」。

◆要解決一個地方遇到的挑戰，最適當的人選是當地人。

◆看看你的鄉親有什麼需求，想想如何解決他們的困擾。問自己：「什麼阻礙了幸福？」

◆看到鄉親在受苦時，練習把同情心升級成愛心。

第十七章
世界：我們在等你

何塞．安德烈（José Andrés）是主廚也是餐廳老闆，家在華盛頓特區，但你更可能看到他在戰爭或災難的第一線，提供滋養的餐點，給正值人生最艱難時光的人。

安德烈年輕時在西班牙海軍當廚子，在一些國家看過極度飢餓的人，這樣的閱歷給了他幾項天賦，確保沒人餓肚子的動力，以及餵飽別人的才華。

移民到美國後，他開始在華府中央廚房（DC Central Kitchen）當志工，這是一個處理飢餓問題的非營利組織，創辦人羅伯特．艾格（Robert Egger）是一位夜店經理，如今則是他的精神導師。艾格的智慧啓發了安德烈，於是安德烈也創立了自己的非營利組織，取名爲世界中央廚房（World Central Kitchen），目前賑濟過的世界各地災民已有幾百萬。

當瑪莉亞颶風重創波多黎各，安德烈搭上第一班商業航班，打算在那裡待幾天來烹煮食物。他的團隊隨即增援，找來二十位志工，結果他們烹煮、供應了超過四百萬份餐點。俄國入侵烏克蘭不到二十四小時，世界中央廚房就到了現場，遞出熱食給趕著越過邊境的千百萬婦孺。哪裡有受苦的人，世界中央廚房都想到現場幫忙。「我們有一個使命跟一個非常單純的目標。」安德烈說：「送食物給飢餓的人，送水給口渴的人。」

我們是交響樂團

我們有的人被號召到職場服務；有的人則是在地方服務；也有的人像安德烈一樣，在全世界服務。不管你選擇哪一條路，都可以積少成多。

你不用獨自解決全世界的問題。事實上，你**辦不到**。

絕對沒有哪一個問題，是一個人能夠消除的。那是舊幸福的神話，奠定在個人主義的基礎上，認爲會有一位英雄出面拯救蒼生。即使是行動範圍最大的人，比如安德烈，也是借助許多人的力量才能那樣做，他有成千上萬的志工、當地餐館在幫他，外加有人提供食物、補助金、捐款。

打造更美好的世界並不是一個人的事，這是交響樂團型的任務。

在交響樂團中，小提琴、長號、雙簧管、低音提琴、豎琴、定音鼓、大提琴，每一種樂器都不能少。要是你聽到只有一種樂器在演奏交響樂曲中自己負責的部分，你會聽到莫名其妙，因爲那種樂器脫離了整個樂團。各個獨一無二的樂器聚合在一起，才成就了美。

少了你，我們的交響樂團就不完整了。我們需要你演奏只有你可以演奏的樂音。

看看你周遭的世界，問自己：「在這個世界上，我最希望看到哪個問題緩解？」

對這個問題，你可能立刻就有了答案。如果是這樣的話，那大概來自你的天賦。

- 人性：當另一個人的苦難觸動了你的那一刻。
- 智慧：來自你的經歷或學過的教訓。

- 才能：來自你用在特定用途的技能，例如：醫學或研究。

我們也製作了一份問題清單，都是這個世界需要你支援的事項。以下是清單的樣本，看看有沒有哪一項在召喚你：

醫療

- 心理健康
- 傳染病（人類免疫缺乏病毒／後天免疫缺乏症候群、瘧疾、萊姆病，以及新冠肺炎等）
- 非傳染疾病（癌症、阿茲海默症等）
- 平價醫療照護
- 醫療平權

暴力

- 戰爭
- 地雷
- 裁軍
- 槍枝暴力

權利與代表權

- 種族主義與種族歧視
- 歧視
- 性別平權
- 性少數族群的權利（LGBTQIA+ rights）
- 身心障礙者的權利
- 投票權
- 生育權

資源取得

- 教育
- 移民
- 住宅
- 飲用水

經濟

- 貧窮
- 改善工作環境
- 無家可歸
- 優質工作

地球

- 環境修復

- 化石燃料
- 食物取得
- 物種滅絕
- 森林保護
- 永續農業
- 海洋汙染
- 塑膠垃圾

社會

- 高齡化
- 成癮症
- 寂寞
- 難民救助

完整的清單在 thenewhappy.com/theproblems。

（無論你選擇什麼問題，都會立刻察覺那是你在自己工作上或地方上也能出力的事。記住那個球池，有時候你能採取的最佳行動，就是從問題的大球池裡面拿出一顆塑膠球。）

我們每一個人都會有幫忙消弭世界問題的獨特方式。例如：我們來看看三個人如何以各自的天賦，處理氣候變遷。

在南非，山姆·埃佛德（Sam Alfred）是電玩遊戲設計師。二〇一八年開普敦發生缺水危機，幾乎無水可用，當時他就住在那裡。他製作了一款叫伊始之地（*Terra Nil*）的遊戲，引導玩家修復遭到嚴重破壞的環境。

在新加坡，藝術家陳紫曦收集了超過兩萬六千個海洋塑膠垃圾，製成博物館的裝置藝術，把每一件垃圾懸掛在牆壁上和天花板上，讓人實際感受居住在充斥垃圾的環境裡是什麼滋味。

還有在印尼，米娜·蘇珊娜·賽特拉（Mina Susana Setra）是一位原住民行動主義者，自從她的家園變成棕櫚油的林場，便在爲氣候變遷奮鬥。她幫忙推行好幾項政策，爲邊緣族群開設一個電視頻道，供他們說出自己的經歷。

埃佛德、陳紫曦、賽特拉沒有等待別人解決他們在乎的問題。他們投入自己能做的事，就在此時此地。當你看著他們的例子，我知道你不會指望他們獨自解決氣候變遷！所以你也不要指望自己做到。那種信念會讓你什麼都不做。

有那麼多激勵人心的人發揮天賦，幫忙解決世界的問題。從他們的事蹟，我們可以學到七項關鍵的守則，充當我們這一路上的指引。

一、成爲榜樣。

二、改變你分享天賦的地方。

三、拒絕守舊。

四、爲正確的事奮鬥。

五、行動帶給你希望。

六、面對挑戰。

七、夢想要遠大，起步要微小。

守則一：成爲榜樣

一九六四年，演員妮雪兒・尼柯斯（Nichelle Nichols）成爲最早躋身電視影集主角群的黑人女性之一，在《星際爭霸戰》（*Star Trek*）飾演烏胡拉上尉（Lieutenant Uhura）。

演完第一季後，尼柯斯決定離開劇組，去圓在百老匯演出的夢想。她跟影集的創作人吉恩・羅登貝（Gene Roddenberry）說了自己的打算，他懇求她在週末多考慮兩天，再做最後的決定。剛好，那個週末她去比佛利山參加全美有色人種協進會（NAACP）的募款活動，有人拍拍她的肩膀，說：「妮雪兒，有一位影迷想見妳。」

那個人是小馬丁・路德・金恩。他是超級星艦迷，熱愛影集爲觀眾描繪的人人平等的世界願景。

他們交談時，尼柯斯說她打算告別這部影集。「妳不能辭演。」金恩告訴她。

「妳不明白這部影集辦到了什麼事嗎？有史以來第一次，全世界看待我們的眼光，符合我們理應擁有的待遇……這是我跟內人科麗塔允許我們家小孩熬夜收看的唯一的一部影集。」

尼柯斯決定留下來。金恩讓她看見她在民權運動扮演的重要角色，她要以她的天賦擔任千千萬萬個黑人女孩與女人、黑人族群的榜樣。這樣的能見度很重要。一項最近的研究發現，要是念理工科系（科學、科技、工程、數學）的黑人女學生在自己的領域有了黑人女性榜樣，會比較有歸屬感。當尼柯斯回顧自己飾演的烏瑚拉一角，她說：「那讓我覺得進入演藝圈很值得，因爲你可以給人正向的影響，而你甚至都還不認識對方。」

由於尼柯斯留在劇組，最後帶給許許多多的人正面的影響，甚至啓發了第一位上太空的黑人女性梅·傑米森（Mae Jemison），她熱愛《星際爭霸戰》。當傑米森在一九九二年登上奮進號太空梭出任務，每次她開啓通訊的時候，都會向自己的榜樣致敬，使用烏胡拉上尉的招牌臺詞：「打開呼叫頻道。」

做自己、勇於前往你未知的疆域，這是一種服務的舉動。別人看見你走在前面，

也會有勇氣踏上圓夢之路。我們都需要有別人當榜樣：「我就在這裡做我自己；你也可以做你自己。」

守則二：改變你分享天賦的地方

坂茂是最受全世界推崇的建築師之一。雖然他確實會設計優美的博物館和紀念碑，但他更重視爲天災及戰爭的災民建造臨時避難所。

一九八五年，坂茂協助另一位建築師策展，他們沒有購買昂貴材料的經費，因此坂茂努力思考要如何展示作品。最後他收集自己用過的素描紙，捲成紙管，這偶然的創新做法後來改變了他的人生。

這些紙管具備出乎意料的強度，環保，價格低廉。一九九四年盧安達大屠殺之後，坂茂立刻提議用紙管爲逃難的難民搭建臨時避難所。從此以後，他便致力於設計持久的避難所，供全世界地震、海嘯、天災的成千上萬災民使用。他最新設計的避難所，是爲了協助二〇二三年土耳其及敍利亞地震無家可歸的無數災民，組裝全程只要五分鐘。

坂茂說他開始爲災民服務，是因爲對建築業失望。他說：「我們爲有錢、有權的特權階級工作。我希望自己的知識和經驗不是只爲權貴服務，也要爲一般民衆效勞。」

你可能習慣在固定的地方，以固定的方式分享你的天賦。但從坂茂的事蹟來看，我們都可以天馬行空，想出新的辦法協助最需要的人。看看前文的問題清單，問自己：「哪裡最需要我的天賦？我能派上什麼用場？」

守則三：拒絕守舊

有個男人在紐約州北部經營一間十億美元的企業，人稱反執行長。

漢迪．烏魯卡亞（Hamdi Ulukaya）在一九九四年從土耳其移民到美國，在農場工作、上英語課。後來，他做起了從土耳其進口乳酪的生意，但經營困難。幾年後，附近有一家優格工廠在求售。烏魯卡亞很好奇，美國人會不會喜歡他在家族農場從小做到大的優格——一種口感厚實、綿密的優格，在市面不常見。他貸款買下工廠，重新開張，就是我們所知的喬巴尼（Chobani）優格。

從一開始，烏魯卡亞就決心不走常規路線。他相信企業有協助人類的義務。他身體力行自己的想法，致力於難民援助。當他聽說當地有找不到工作的難民，便僱用他們，打造可以支援難民的工作環境：找來譯者、培訓、安排他們通勤的運輸工具。他開始推動難民帳篷夥伴專案（Tent Partnership for Refugees），號召到三百家企業一起僱用難民。

追隨烏魯卡亞的腳步，否決現狀。當你開始揮灑天賦去爲世界服務，別人可能會抗拒。他們可能會跟你說：「那是行不通的」，或「我們一向都是這樣做的」。謝絕這些限制性的觀點。永遠都可能有更好的做法。

守則四：爲正確的事奮鬥

二〇一四年，一位名叫麥特．海特（Matt Hite）的微軟工程師偶然發現一個叫戰士玩遊戲（Warfighter Engaged）的非營利組織，專爲傷殘的退役軍人提供改造的電遊設備，以便他們玩電遊。

海特聯絡了他們，創辦人告訴他，大部分的遊戲控制器都要經過大量的手工改造，才能滿足身障人士的需求。全世界的肢體障礙者有超過十億人，微軟公司卻沒有他們能用的產品。

海特燃起鬥志，組隊參加微軟二〇一五年的黑客松（Hackathon），此舉引發了一連串非凡的發展。雖然海特的設計沒能成爲實際的商品，卻啓發了另一位微軟員工，就是無障礙部門的主管布萊斯．強森（Bryce Johnson）。

一年後的二〇一六年黑客松，強森召集一支新隊伍，再次挑戰這個問題。這一回，一位主管答應撥出資源給這項企劃。強森的團隊與戰士玩遊戲合作，也跟醫院、殘疾人士維權工作者接洽，以了解他們的需求。他們在周全的思考與堅持下，開始設計大家都能用的產品。

有一回，由於微軟刪減預算，這項企劃似乎要無疾而終了。但強森團隊不認輸，無論如何都要撐下去。他們有更深刻的目的，他們跟使用者有過無數次的對話，明白了電遊對心理健康很重要，不被世界排除在外很重要，以及一旦計畫實現了會帶來多大的效益。終止計畫不在他們的考慮範圍內。

三年後，他們的產品問世——Xbox 無障礙控制器，一個乍看很簡單的盒子，卻可以根據個人需求進行設定。一個孩子說：「我喜歡無障礙控制器的原因是現在大家都能玩了。」

無障礙控制器也深深撼動了微軟的內部團隊。其中一位團隊主管亞隆．嘉里斯基（Yaron Galitzky）說：「我發過很多產品的貨。這是最特別的一項，影響層面是最大的……這次經驗改變了我們的人生。我對各種產品的看法從此不再一樣。我們不會止步於此。我們會讓更多裝置、更多產品，出現無障礙的版本。」

總之，超過一百位微軟員工傾注他們的天賦，投入無障礙控制器的企劃，還有許多人分享了自己的天賦，提供微軟需要的資訊。這在微軟內部引發了一股範圍更大的無障礙浪潮，開創出新的產品與服務。強森現在主持微軟的包容性科技實驗室，也就是實現這項關鍵產品的單位。

這支微軟團隊決定要做正確的事，說什麼都不放棄。當你在爲世界的問題盡力，有時可能也會需要挺身捍衛正確的事。這時就聚焦在你更大的目的上，你在協助的人。**有一種勇氣，只有在你為別人的福祉奮鬥時才會出現。你會很驚訝那種勇氣有多強大，可以帶領你走得多遠。**

守則五：行動帶給你希望

二〇〇七年，企業家理查．布蘭森（Richard Branson）與音樂人彼德．蓋伯瑞（Peter Gabriel）去見曼德拉，提出重大的請求：您是否願意召集一個全球團體，稱為元老會（The Elders），擔任道德領袖並化解世界最艱難的問題，比如預防核子戰爭、處理氣候變遷、建立和平？對了，還有您願意當會長嗎？

曼德拉當時八十九歲。他已經終結南非的種族隔離、當過南非總統、透過真相與和解委員會（Truth and Reconciliation Commission）申張正義、成立一個防治貧窮及人類免疫缺乏病毒暨愛滋病的基金會。即使他受過那麼多苦、付出那麼多，他說好，我要繼續幫忙。

他召集了世界最受尊崇的領袖，包括美國前總統吉米・卡特（Jimmy Carter）、社會企業家穆罕默德・尤納斯（Muhammad Yunus）、大主教戴斯蒙・屠圖（Desmond Tutu）。由於他們不是官方的單位，元老會的最高效忠對象是公共利益。他們發揮天賦促進世人對苦難的認識，調解政府與人民之間的衝突、倡導最明智的幸福之道。曼德拉隨後六年持續行善，直到辭世。

曼德拉想讓世界更美好，不會喪失那份希望。爲什麼？因爲他一直在努力建設那樣的世界，沒有停止過。

我們以爲希望是**從天上掉下來的**，但研究顯示希望其實是**你掙來的**。希望有三項要件：

- 目標
- 爲目標努力的動機
- 實現目標的計畫

如果你對世界絕望，遵循曼德拉的榜樣。感到絕望不是你應該放棄的訊號。那是你需要行動的訊號。

重新聚焦在你的目標上，一個更幸福的世界。更新你的動機，要知道，爲目標努力會讓你跟其他人幸福。還有修訂你的計畫，判斷接下來要採取什麼行動去實現這些目標。

行動吧，即使你覺得沒指望了。行動吧，即使你膽寒了。行動吧，即使你的行動微小到似乎做不做都沒差。希望會隨之而來。

守則六：面對挑戰

蘇西．艾迪．伊薩德（Suzy Eddie Izzard）從小小年紀就知道，她要成爲喜劇演員。她在街頭表演了好幾年才登上舞臺，又努力了幾年才有了重大突破。她的堅持終於值回票價，演出了爲她贏得艾美獎的喜劇特輯，也在電視、電影、戲劇演出著名的角色。

除了演藝事業，伊薩德是人道主義者，利用艱巨的挑戰來吸引世人對不公不義的關注。二〇一六年，她在南非的姆維佐（Mvezo）繫上跑鞋的鞋帶，打算以二十七天跑完二十七次馬拉松，向曼德拉二十七年的牢獄生涯致敬；每天，她都會在繼承曼德拉遺志的組織停步。儘管她曾短暫進了醫院，以致不得不在最後一天跑了兩遍馬拉松，她準時完成了原訂計畫，爲慈善組織募集到一百三十萬英鎊的善款。

二〇二一年，伊薩德在疫情期間又做了相同的事；這一回是用跑步機，三十一天跑完三十一次馬拉松，收尾時還以她會的四種語言之一，進行現場的喜劇表演。她把這稱爲「讓人類再次偉大」之旅。

身爲跨性別女性，伊薩德要每個人知道「做眞實的自己很棒」。她運用這些野心勃勃的挑戰，建立一個更有包容心、愛心的世界。她只是在做自己，卻因此遭到騷擾、承受別人的毒舌，但她堅持不懈，因爲她明白世界上有些人的人生因爲她的努力而改變。

伊薩德教導我們，我們可以擁抱人生的挑戰。我相信一定有無數次她想放棄跑步，想跳過一次喜劇表演，或想要乾脆不當公衆人物了，不然大家對她那麼殘酷。但她再接再厲，因為這很重要。

改變世界是很多場馬拉松裡面的一場。一路上你要不時休息、恢復精力，可能有時也會想放棄。這時對自己說：「這是我對世界的貢獻，是只有我能做的事。這是我的選擇；我做得到；事實上，我天生就是這塊料。」然後想想伊薩德，重新上路。

守則七：夢想要遠大，起步要微小

萬佳麗．馬阿泰（Wangari Maathai）一直首開先河，她是東非及中非第一位拿到碩士學位的女性，是第一位在奈洛比大學（University of Nairobi）取得博士學位的女性，她也是第一位在奈洛比大學擔任副教授的女性，之後還成為第一位當上系主任的女性。

三十幾歲時，她放下了這些「第一」。肯亞鄉村的婦女向她吐苦水：賺錢、尋找食物、撿拾柴薪、取水的難度都在上升。

馬阿泰意識到這些都是人類與自然的關係惡化的訊號。一萬兩千年前，農業革命尚未開始的時候，世界上有六兆棵樹木。如今剩不到一半。在肯亞，英國殖民者鏟除了九十%的森林，逼農民損害土地，生產商業作物。

馬阿泰明白或許可以修復人類與自然的關係。她的點子是，付錢讓鄉村婦女栽種樹木，恢復她們的幸福，同時重建肯亞的環境。

一開始，沒人感興趣。馬阿泰沒有灰心，由自己做起，在後院種了幾棵樹苗。倡導了幾年後，她開始號召當地的婦女一起種。她們照顧種在罐子跟杯子裡的小苗，之後移植到永久的栽種地點，讓小苗長高又長壯。一點又一點，樹木成長了，森林回來了。一點又一點，婦女們發掘自己的天賦。一點又一點，植樹運動越來越普遍。

一開始種在後院的幾棵小苗，發展成綠帶運動（Green Belt Movement），如今已種下超過五千萬棵樹，協助了三萬位婦女。結果馬阿泰後來又拿下一個第一，第一位獲得諾貝爾和平獎的非洲女性。

馬阿泰讓我們看見了要做大事，總是要從小事做起。她在諾貝爾和平獎的頒獎典禮演講說道：

我們要改變思維，必須願意停止威脅人類的維生系統，才能化解我們今天面臨的挑戰。我們要協助地球療癒傷口，同時為自己療傷——沒錯，我們要擁抱天地萬物，與各式各樣、美麗、神奇的萬物共存。要實現這一點，我們得明白人類需要重拾歸屬感，明白我們屬於天地眾生的大家庭，大家是一起演化而來的。

在歷史上，有時世界會召喚人類提升意識的等級，達到更高的道德標準。在那種時候，我們要放下恐懼，給彼此希望。

現在就是那種時候。

我想，在我們內心深處，我們都知道她是對的。現在就是我們的那種時候。我們會回應這個召喚嗎？

本章重點

- ◆沒有哪一個人可以拯救世界；拯救世界要靠我們所有人。
- ◆找出你希望看到哪一項全球問題緩解。判斷你可以如何運用天賦去幫忙解決。
- ◆在你打造更幸福的世界時，記住以下重點：做自己、以新的方式發揮天賦、拒絕現狀、為正確的事奮鬥、懷抱希望、面對挑戰、夢想要遠大但起步要微小。

結語 你身邊的人

在托爾斯泰的短篇故事《三個問題》裡，一位國王殷切的追尋三個問題的答案，相信要是他找到了答案，從此便會立於不敗之地：

- 開始做一件事的最佳時機是什麼時候？
- 誰說的話最值得聆聽？
- 做哪一件事才是最重要的？

國內的智者紛紛前來獻策，但國王統統不滿意。他決定跟睿智的隱士見一面，問問他的看法。他喬裝成小老百姓，讓護衛留在不遠處的樹林裡，自己去找隱士，隱士正在他家的前院挖菜圃。

國王問他知不知道那三個問題的答案。隱士沒有應聲。國王看隱士似乎挖土挖得很累，便自告奮勇幫他挖。國王挖了兩畦之後，再次向隱士發問：「你知道我那三個問題的答案嗎？」又一次，隱士沒有回答。

突然，有個人蹣跚的從樹林出來，腹部受了傷，正在流血。國王將人抱進小屋，放在床上照顧，爲他清理傷口並包紮，給他倒水，自己睡在他旁邊的地上。

隔天，國王醒來後，那個受傷的男人立刻乞求他的饒恕。他來隱士的小屋是爲了刺殺國王，但在樹林裡被護衛殺傷。然後眞是沒想到，國王救了他的命！若是國王放他一馬，他發誓一輩子爲國王效勞，國王便愉快的接受了。

在返回王宮之前，國王決定再問隱士一遍，以防萬一隱士知道那三道問題的答案。隱士笑著告訴他：「你都答完了啊！」「怎麼說？」國王問。

隱士解釋道：當國王看到他的同胞挖菜圃挖得累了，他主動幫忙，因此沒有在樹林裡遇到要暗殺他的刺客。然後當刺客跌跌撞撞的走出樹林，身上在流血，國王幫他療傷，兩人因此重拾和平。

「所以要記住，只有一個時間很重要，那就是現在！現在是最要緊的時刻，因爲唯獨在現在，我們可以有所作爲。

「最重要的人是此刻在你身邊的人，因爲你不知道以後還能不能遇到別人。

「而最應該做的重要事情是行善，人生在世，就只是爲了行善啊！」

我們用三個問題，展開這本書的探索之旅：我是誰？我該做什麼？我跟別人有什麼關係？

儘管我們提出的問題不同，但跟國王的三個問題有相同的目的，答案讓我們知道該怎麼做人、該做什麼事、那些事又該跟誰一起做，才能得到我們渴望的幸福。而我們歸納出來的結論，跟國王與隱士一模一樣，我們來到這個世界是爲了互相扶持。

我們一起走完了精采的旅程。在本書中，你明白自己本來就有價值，懷抱非凡的天賦。有天賦就要揮灑出來，別管後果會如何，因爲發揮天賦是爲了展露你的眞我，讓眞我得以成長。你還學到了由於你我連結在一起，運用這些天賦的最佳方式便是爲人服務，以只有你做得到的方式，給人獨一無二、有意義、愉快的協助。

現在，你可能在想：「我要從哪下手？」托爾斯泰的寓言回答了這個隱藏版的第四個問題，就從你的所在之處開始，不管那是哪裡。

你身邊有人，這些人需要你。這些人需要你的天賦，這些人需要你幫忙。

而且原來你也需要他們，你需要分享天賦，你需要協助他們。

從你我這些共同的需求，我們會協助彼此得到幸福。從此不再懷疑自己是否屬於這裡，不再懷疑這裡是否需要你，不再懷疑你的人生是否有意義。你的一切作爲都可以積累，都是在實現我們打造幸福世界的共同目標。

就像一分鐘是六十秒構成的，一小時是六十分鐘構成的，一個月平均是三十天構成的，一年是三百六十五天構成的，我們的世界也是由一個個的人構成的。一輩子似乎有數不清的時刻，人生的長度卻可以測量。同理，儘管我們的世界有幾十億人，我們的人數卻是可數的，我們全都很重要。

身爲個人，我們可以凝聚在一起，以我們共同的人性相連，以我們共同的新目標團結一致，我們可以讓世界成爲更幸福的地方，一次一個助人之舉。

謝詞

這本書能夠存在，完全是因爲有人幫我。

致亞力克斯，你給我的一切，都夠我寫整整一本書來細數了。這一切能夠發生，只是因爲多年前，你望著我、對我說：「我們可以打造我們夢想中的美好世界，即使我們自己的世界在崩潰。」你給了我無條件的包容與眞愛，讓我不可能不發現自己的天賦、予以分享。你大肆分享人性、智慧、才能的天賦給這本書。這也是你的書。

致父母，謝謝你們不可思議的愛與你們給我的一切。我深深感謝你們兩位，尤其是你們在我十六歲的時候鼓勵我追隨自己的天命，還有你們從那一天開始就給我的無數支援。

致安妮，謝謝妳按下的每一個拇指向上或向下的符號，還有問號；妳協助我找到自己的聲音。

致傑夫，謝謝你跟我討論那麼多的觀念，既跟我辯論，又給我鼓勵，兩者不偏廢；你給我發聲的勇氣。

致我的親友、精神導師、同窗、同事，你們協助我建立新幸福之道，然後與世界分享。你們詢問重要的問題，跟我腦力激盪，給我不同的觀點，編輯我的文字，建議新的點子。你們的天賦交織在這些書頁裡。我珍惜你們。

致蘿倫．艾普頓（Lauren Appleton），謝謝妳對新幸福的信心，讓這本書從夢想化爲現實。我太幸運了，可以從妳的天賦受惠，尤其是妳時時鼓勵我，妳對人生大哉問的睿智觀點，還有妳化腐朽爲神奇的編輯才能。也謝謝企鵝蘭登書屋（Penguin Random House）的其餘團隊成員，特別是愛煦麗．阿利亞諾（Ashley Alliano）持續不斷的協調與協助。

致蔻特妮．佩根內利（Courtney Paganelli），謝謝妳不屈不撓的替本書發聲，堅定的支持這趟旅程。妳實在是一個關懷別人、思慮周全、傑出的人，妳發揮這些特質來照顧我，是我的福氣。我還要向列文葛林堡羅斯坦經紀公司（Levine Greenberg Rostan）的其餘團隊成員致上最深的謝意，特別是史黛芬妮．羅斯坦（Stephanie Rostan）、莫妮卡．維馬（Monika Verma）、梅莉莎．羅蘭（Melissa Rowland）、麥克・可恰（Miek Coccia）。

致曾經以言行或著述塑造新幸福之道的學者、藝術家、哲學家、行動主義者、夢想家、人道主義者、有遠見的人、作家、締造改變的人、領袖，謝謝你們的人性、才能、智慧。寫這本書的時候，我常常思索蒙田（Michel de Montaigne）的話，他寫道：「我採了別人的花做成花束，只有將那些花紮成一束的繩子是我自己的。」能在過去的十年裡採擷你們的花朵實在很愉快，希望我紮出來的花束讓你們顏面有光。

致新幸福大家庭，謝謝你們給了我發揮天賦、爲世界效勞的空間。你們都不曉得我有多需要你們、不曉得你們給了我多大的幫助，你們支撐我走過艱難的時期，給我每天的喜悅。爲你們服務是我最大的榮幸。你們讓我對人性有不可撼動的信心，全然相信我們**可以**共創更幸福的世界。

還有你，謝謝你閱讀本書。祝你擁有全世界的幸福。

國家圖書館出版品預行編目(CIP)資料

為何成功了，還是不快樂？：失控的功成名就神話，以及該如何才能長久幸福 / 史蒂芬妮．哈里遜 (Stephanie Harrison) 著；謝佳真譯. -- 初版. -- 新北市：虎吉文化有限公司, 2024.06

面；　公分. -- (Mind ; 7)

譯自：New happy : getting happiness right in a world that's got it wrong

ISBN 978-626-98356-1-4(平裝)

1.CST: 成功法 2.CST: 自我實現 3.CST: 幸福

177.2　　113005370

虎吉文化

Mind 07

為何成功了，還是不快樂？

失控的功成名就神話，以及該如何才能長久幸福

作　　者　史蒂芬妮・哈里遜（Stephanie Harrison）
譯　　者　謝佳真
總 編 輯　何玉美
校　　對　張秀雲
封面設計　楊雅期
內頁設計　楊雅期
排　　版　陳佩君
行銷企畫　鄒人郁
發　　行　虎吉文化有限公司
地　　址　新北市淡水區民權路 25 號 3 樓之 5
電　　話　（02）8809-6377
客　　服　hugibooks@gmail.com

經 銷 商　大和書報圖書公司
電　　話　(02)8990-2588

印　　刷　沐春行銷創意有限公司
初版一刷　2024 年 6 月 26 日
定　　價　400 元
I S B N　978-626-98356-1-4